Merci
la vie

Catalogage avant publication de Bibliothèque et Archives nationales du Québec et Bibliothèque et Archives Canada

Norville, Deborah
    Merci la vie : le pouvoir de la gratitude dans nos vies
    Traduction de : Thank you power.
    Comprend des réf. bibliogr.
    ISBN 978-2-89225-693-2
    1. Gratitude. 2. Bonheur. 3. Psychologie positive. 4. Gratitude – Aspect religieux.
I. Titre.
BF575.G68N6714 2009   179'.9   C2009-941440-6

Adresse municipale :	Adresse postale :
Les éditions Un monde différent	Les éditions Un monde différent
3905, rue Isabelle, bureau 101	C. P. 51546
Brossard, (Québec), Canada	Succ. Galeries Taschereau
J4Y 2R2	Greenfield Park (Québec)
Tél. : 450 656-2660 ou 1 800 443-2582	J4V 3N8
Téléc. : 450 659-9328	
Site Internet : www.umd.ca	
Courriel : info@umd.ca	

Cet ouvrage a été publié en langue anglaise sous le titre original :
THANK YOU POWER: MAKING THE SCIENCE OF GRATITUDE WORK FOR YOU
Published by Thomas Nelson, in Nashville, Tennessee. Thomas Nelson is a trademark of Thomas Nelson, Inc.
www.thomasnelson.com

Dépôts légaux : 3e trimestre 2009
Bibliothèque nationale du Québec
Bibliothèque nationale du Canada
Bibliothèque nationale de France

Conception graphique de la couverture :
OLIVIER LASSER

Photo de la couverture :
TIMOTHY WHITE

Version française :
JOCELYNE ROY

Photocomposition et mise en pages :
ANDRÉA JOSEPH [pagexpress@videotron.ca]

Typographie : Minion 12 sur 14 pts

ISBN 978-2-89225-693-2
(Édition originale : ISBN 978-0-7852-2193-7 (hardcover)
ISBN 978-0-7852-8945-6 [IE])

Nous reconnaissons l'aide financière du gouvernement du Canada par l'entremise du Programme d'aide au développement de l'industrie de l'édition pour nos activités d'édition (PADIÉ).

Gouvernement du Québec – Programme de crédit d'impôt pour l'édition de livres – Gestion SODEC.

IMPRIMÉ AU CANADA

Deborah Norville

Merci la vie

Le pouvoir de la gratitude
dans nos vies

UN MONDE DIFFÉRENT

Pour maman et papa
qui m'ont appris à dire merci
et
pour Niki, Kyle, Mikaela et Karl
qui me donnent chaque jour
une raison de le dire.
Merci.

Si vous aimez vous sentir constamment frustré, si vous préférez voir la vie comme une simple succession de jours qui vous rapprochent de la mort, alors je vous en prie, ne perdez ni temps ni argent avec ce livre.

Par contre… si vous souhaitez puiser dans votre pouvoir intérieur afin de jouir de la vie, de goûter chaque moment et de relever haut la main chaque défi qui croisera votre route… poursuivez votre lecture.

Vous direz « merci »
et
votre vie ne sera plus jamais la même.

Table des matières

Introduction

Ce livre est le produit du bon sens, quoique je ne me targue pas d'en avoir plus que le commun des mortels. Mais je suis tout simplement arrivée à la conclusion – c'était une intuition, en fait – que si l'on veut être heureux, il faut se concentrer sur ce que l'on a – et non sur ce que l'on n'a pas. Les bienfaits d'une telle attitude ressemblent à la rengaine d'un publireportage qui semble trop beau pour être vrai :

- Vous serez plus optimiste.
- Vous ferez plus d'exercice.
- Vous penserez de façon plus créative.
- Vous vous relèverez plus rapidement après avoir été frappé par l'adversité.
- Vous serez moins intimidé par les défis.
- Vous aurez une meilleure réponse immunitaire.
- Vous serez plus alerte et plus attentif.
- Vous serez plus aventureux.
- Vous vivrez plus longtemps.

- Vous aurez davantage tendance à aider les autres.
- Vous serez plus sympathique et plus agréable.
- Vous serez plus tolérant.
- Vous serez un meilleur patron ou chef d'équipe.
- Vous obtiendrez de meilleurs résultats à vos examens.

Citées dans les principales revues de psychologie américaines, ce sont là les trouvailles de quelques-uns des chercheurs les plus en vue du pays en ce qui a trait à l'émergence d'un domaine appelé « psychologie positive ». Pendant près de deux ans, je me suis plongée dans cette documentation scientifique, tentant de découvrir si mon intuition pouvait être étayée par des faits. J'avais raison !

L'être humain a toujours été à la recherche du bonheur. C'est l'un de nos « droits inaliénables », n'est-ce pas ? C'est inscrit noir sur blanc dans la Déclaration d'indépendance, immédiatement après « vie » et « liberté ». Dieu sait que nous l'avons cherché longtemps : à partir du jour où Ève a croqué la pomme jusqu'à la chasse au partenaire des temps modernes, en passant par les expéditions des conquistadors avides d'or et de trésors, l'être humain a toujours tenté d'étancher sa soif de plénitude.

Sur Wall Street, des hommes en complets à fines rayures se démènent follement pour s'approprier argent et pouvoir. Les cabinets des chirurgiens plastiques de Park Avenue (et beaucoup d'autres ailleurs aux États-Unis) sont pleins à craquer de femmes qui espèrent y trouver la toute dernière potion ou procédure chirurgicale qui les fera paraître plus jeunes et, par conséquent, les rendra plus heureuses. Un adolescent s'efforce de marquer un grand nombre de points et de gagner le trophée du joueur le plus utile à son équipe. Mais les trophées ternissent; il y aura toujours quelqu'un qui aura plus d'argent que vous à la banque; et comme l'ont autrefois souligné les poètes: la beauté se fane. Plus de 200 ans après le début de la quête américaine du bonheur, nous voici donc encore en train de chercher et de nous demander quel est le secret qui nous permettrait de le découvrir.

Et si, comme dans *Le Magicien d'Oz*, lorsque Dorothy apprend qu'elle avait depuis le début de son périple la possibilité de rentrer chez elle au Kansas –, le secret du bonheur durable se trouvait déjà en chacun de nous? Et si un sentiment de plénitude – une sensation de satisfaction permanente – devenait possible si nous jetions tout simplement un regard différent sur notre vie quotidienne? Rien de dramatique, rien de douloureux – pas de dépense calorifique: juste un changement conscient dans la façon dont nous voyons notre petit coin du monde.

Heureusement, nous avons ce pouvoir, maintenant. Peu importe votre âge, votre religion, votre situation financière ou tout autre statut dont peut rêver la société, vous avez en vous les outils nécessaires pour vivre une vie remplie de satisfaction, de sécurité et d'optimisme. Et ce pouvoir commence avec un tout petit mot: *merci*.

Lorsque j'étais enfant, mes parents ne cessaient de me répéter: «Debbie, dis merci». Les vôtres ont probablement fait la même chose, et aujourd'hui, en tant que parent, je le fais aussi. Je rappelle constamment à mes enfants d'être polis. Je veux qu'ils disent «merci» et «oh non, toi d'abord», et qu'ils se comportent comme des enfants bien élevés. C'est ce qu'on fait dans une société civilisée.

Mais la société actuelle semble non civilisée. La certitude des droits acquis est partout, de l'enfant qui espère obtenir un A sur son bulletin scolaire sans avoir à passer d'examens à l'employé de bureau qui rêve d'une promotion malgré un piètre rendement. Les bonnes manières sont considérées comme une relique des temps anciens. Qui n'a pas été contrarié dans un train de banlieue par une grande gueule qui s'époumone au cellulaire, ou qui n'a pas été choqué lorsqu'un invité a oublié de le remercier après un bon repas?

Nous avons pourtant amplement de quoi nous montrer reconnaissants. Les Américains jouissent d'une qualité de vie sans précédent: au cours des 50 dernières années, la famille américaine moyenne a acquis des voitures plus luxueuses et en plus grand nombre, de meilleures maisons et beaucoup de biens matériels. Mais cela ne veut pas dire que les gens sont plus heureux. Le nombre d'Américains qui se disent « très heureux » a quelque peu chuté, passant de 35 à 30 pour cent[1], malgré tout ce qu'ils ont accumulé.

En moyenne, les Américains sont plus riches qu'il y a 50 ans, mais ce n'est pas la stabilité financière ni une plus grande richesse qui se traduisent pour eux par un plus grand bonheur. Selon un rapport publié dans le magazine *Money*, l'individu qui gagne 50 000 $ a deux fois plus de chances de se considérer très heureux que celui qui gagne moins de 20 000 $. Mais chez les individus qui gagnent entre 50 000 $ et 90 000 $, on ne note pratiquement aucune augmentation du degré de bonheur. Quarante-deux pour cent des individus dont le revenu se situe entre 50 000 $ et 89 999 $ se disent très heureux,

---

1. National Opinion Research Center, université de Chicago.

alors que 43 pour cent de ceux qui gagnent plus de 90 000 $ se considèrent eux aussi très heureux.[2] Les taux de divorce, de suicide et de dépression augmentent toutefois avec le revenu. Y aurait-il un lien ?

Je collectionne les citations et je demande souvent aux gens si certaines paroles ont une signification particulière pour eux. Steve Forbes, un descendant de la famille Forbes qui est propriétaire du magazine du même nom, m'a dit que sa citation favorite est celle qui figure sur la page éditoriale du périodique professionnel de sa famille :

« Au prix de tout ce que tu possèdes, acquiers l'intelligence ! »

– (LES PROVERBES 4,7)

Acquiers l'intelligence. N'est-il pas intéressant qu'un homme qui est derrière une publication spécialisée dans l'accumulation de richesses ne cherche en réalité qu'à mieux comprendre notre monde ? Je crois que c'est probablement ce qui m'a guidée dans mon choix de carrière.

En tant que journaliste à la télévision depuis près de 30 ans, j'ai raconté l'histoire d'Américains ordinaires, essayant de trouver un sens aux situations dans lesquelles ils se trouvaient. Cela n'a pas toujours été facile : la mère de la victime d'un accident de voiture qui gardera des séquelles au cerveau ; la famille d'un adolescent tué par un camionneur ivre ; la femme qui lutte contre une maladie mortelle. Mais j'ai toujours été émerveillée par le fait que certaines personnes, même devant les pires

---

2. Daniel Kahneman et coll., « Would You Be Happier If You Were Richer ? A Focusing Illusion », *Science*, 30 juin 2006, tel que paru dans le magazine *Money*, 18 juillet 2006.

obstacles et les circonstances les plus difficiles, sont capables d'aller de l'avant en gardant le sourire et en demeurant optimistes.

Le journaliste cherche l'anomalie, le fait qui semble quelque peu insolite, l'histoire qui n'a pas vraiment de sens. Et j'avais de la difficulté à comprendre que, encore et encore, des gens se trouvant dans les pires situations imaginables semblaient irrémédiablement optimistes. Ils attendaient des jours meilleurs et vivaient dans la certitude qu'ils les connaîtraient.

Comment était-ce possible? Dans chaque cas, je suis arrivée à la même conclusion : ils éprouvaient de la gratitude. Dans sa situation parfois déchirante, chacun avait trouvé une source de reconnaissance, et cela, parce qu'il avait intégré la gratitude à sa vie depuis longtemps.

Ces «Debbie, dis merci» que me répétaient ma mère et mon père ont résonné dans ma mémoire. Maman était toujours extrêmement gentille avec moi lorsque je lui tendais les notes de remerciement que j'avais rédigées après mon anniversaire afin qu'elle les dépose à la poste. «Bonne fille», disait-elle en m'ébouriffant les cheveux. Je me complaisais dans ces louanges, sachant que je serais dans ses bonnes grâces pour le reste de la journée. C'était très agréable. Enfant, il m'arrivait souvent d'être punie, et je chérissais donc particulièrement ces bonnes journées.

Franchement, dire merci, mentalement et verbalement, était probablement une meilleure façon de traverser la vie que de foncer à travers elle en râlant (bien que cela m'arrive encore souvent!). En grandissant, on a tous entendu cet adage : «Il est plus facile d'attraper des mouches avec du miel qu'avec du vinaigre.» Mais il n'y a pas que les autres qui appréciaient mes remerciements. Je me sentais différente. Je me sentais meilleure. J'avais toujours le sentiment d'être plus heureuse pendant ces jours où je me faisais un devoir de humer l'arôme du café en passant à côté de la voiturette du vendeur ambulant ou de remarquer à quel point les fleurs étaient belles dans le jardin.

Bien entendu, il faut d'abord voir les fleurs.

Nous sommes nombreux à traverser chaque jour dans un tourbillon, pratiquement inconscients de ce qui se passe autour de nous. Pensez au trajet que vous faites chaque jour pour vous rendre au travail. Si vous êtes comme l'Américain moyen, vous y consacrez 24,3 minutes. Ajoutez-y le retour à la maison et vous passez près d'une heure, sinon plus, à vous déplacer chaque jour. Mais je suppose que je ne connais pas d'Américains moyens, car toutes mes connaissances mettent beaucoup plus de temps que cela pour se rendre au travail et en revenir. Avant que je déménage, l'aller seulement me prenait une heure et demie. Ma sœur passe chaque matin 30 minutes dans sa voiture uniquement pour reconduire ses enfants à l'école, et puis elle fait demi-tour et se rend au bureau dans la direction opposée.

Répondez-moi vite, que voyez-vous dehors exacte-ment 10 minutes après avoir quitté la maison? Allons! Vous passez là chaque jour! Vous savez qu'il y a des boutiques et des maisons le long de votre route. Mais vous ne les remarquez tout simplement pas. Peut-être le devriez-vous.

Le bon sens me disait qu'une façon de se sentir bien par rapport à la vie était de remarquer ce qui se passe autour de nous et de reconnaître ce qui est bon. Pour la sceptique que je suis, cette *ac-cen-tu-a-tion du positif* tenait davantage de la devise d'un quelconque Monsieur Optimiste dans une émission d'après-midi à la télé que d'une valeur probante pour connaître une vie marquée du sceau de la satisfaction.

Oprah parle de son journal de la gratitude depuis des lustres, et ce n'était donc pas un concept vraiment nouveau pour moi. Cela m'apparaissait plutôt comme le sujet idéal pour l'un de ces conférenciers motivateurs dont les discours sont truffés de platitudes au sujet des attitudes. Tout comme ces vendeurs dans les publireportages de fin de soirée, ils vous étourdissent, mais en réalité, ce n'est que du vent. Moi, sceptique ? Le mot est faible.

Toujours est-il que mon intuition à propos d'une injection d'appréciation consciente dans ma routine quotidienne était bien inspirée. Mais les journalistes ne se fient pas uniquement à leur intuition. Ils agissent par instinct et ils mènent une enquête pour voir où leurs recherches les conduiront. J'ai été stupéfaite par ce que j'ai découvert lorsque j'ai commencé à fureter çà et là. En fait, je n'étais pas la seule personne qui avait eu cette intuition. J'ai découvert qu'il existait un nouveau domaine de recherche objective et scientifique qui étudiait l'impact de l'état d'esprit et des émotions positives sur notre vie. Cette influence est quantifiable, tant physiquement qu'émotionnellement. En exprimant notre reconnaissance, en notant les bonnes choses que la vie nous apporte, et en nous faisant un devoir de les reconnaître, nous pouvons *changer notre vie de façon positive*. En disant tout simplement « merci », nous pouvons être plus heureux, en meilleure santé et plus aptes à gérer le stress de la vie quotidienne.

Pendant des années, la science s'est penchée sur ce qui arrive aux êtres humains lorsque les choses vont mal. Nous savons à quel point le stress est néfaste pour nous. Les effets négatifs du stress et de la colère sur le système

cardiovasculaire, entre autres, sont bien docun
Mais nous en savons moins sur ce qui se passe lorsque
tout va bien dans notre monde. Il semble toutefois que
le contraire du stress – c'est-à-dire l'expérience de situations positives que l'on reconnaît comme telles – peut se
traduire par une foule de résultats encourageants, allant
d'une diminution de la fréquence des maladies à une
meilleure réponse immunitaire, en passant par une
capacité de réflexion accrue et une plus grande créativité
dans la résolution de problèmes. Et cela n'est pas une
intuition. Cela a été prouvé en laboratoire. Alors que
j'étais plongée dans mes recherches, je me suis demandé
s'il était possible que le secret du véritable bonheur se
trouve dans un seul mot.

Mais avant d'amorcer la première étape de mon
enquête, j'ai mené une petite expérience afin de vérifier
si mon hypothèse tenait la route. J'ai été estomaquée par
ce qui s'est alors produit.

UNE EXPÉRIENCE AVEC LA GRATITUDE

Souvent, la chance nous sourit au bon moment.
Il m'est arrivé à quelques reprises d'être désorganisée
dans mes finances. Ma mère me trouvait plutôt négligente
dans la gestion de mon budget. Effectivement, quand
j'étais étudiante, il n'était pas rare que je manque d'argent.
Je subsistais alors grâce à des flocons de maïs pendant la
période d'examens. C'est arrivé aussi lorsque j'ai eu mon
premier appartement et que l'un de mes chèques de loyer
a été refusé faute de fonds. Plus récemment, les frais de
scolarité de mes enfants étaient échus, mais je payais
encore les factures de la construction de notre nouvelle
maison. Et la seule raison pour laquelle on ne m'a pas

refusé un chèque, c'est que j'ai été assez intelligente pour ne pas en signer un.

J'ai eu une conversation avec Dieu et je lui ai demandé : « Mais comment vais-je donc faire pour me sortir de ce pétrin financier ? » Il m'a répondu sous la forme d'un appel de dernière minute m'offrant de prononcer un discours à la place d'un ami journaliste qui ne pouvait se libérer à cause d'un autre engagement. Heureusement, j'étais en congé ce jour-là et j'ai pu (avec reconnaissance) dire oui.

Le soleil brillait, le ciel était d'un bleu éclatant, et le discours et la période de questions qui a suivi se sont déroulés sans anicroche. J'ai ensuite eu amplement le temps de me rendre à l'aéroport pour prendre mon vol de retour.

Je me sentais vraiment très bien. « *Merci, Seigneur !* », ai-je dit dans une prière silencieuse, reconnaissante de voir mon fardeau financier s'alléger. Par le hublot, j'ai regardé les montagnes de la Virginie-Occidentale. J'avais survolé les mêmes montagnes quelques heures plus tôt, mais je ne les avais pas remarquées. Les sommets arrondis des Appalaches ressemblaient à un vert tapis ondulant. Ils me rappelaient les montagnes du nord de ma Géorgie natale. J'ai senti une forte vague d'émotion purement physique déferler sur moi. Vous n'avez pas idée de la gratitude que j'éprouvais envers ceux qui m'avaient offert ce travail d'appoint.

« *Merci pour tout !* », ai-je psalmodié en silence. Et dans ma tête a résonné une vieille chanson que nous chantions pendant les colonies de vacances : « *Le Seigneur est bon pour moi, et je remercie le Seigneur… de me donner tout ce dont j'ai besoin, le soleil et la pluie, et les pommiers. Le Seigneur est bon pour moi.* »

« *Le Seigneur a été bon pour moi* », avais-je pensé en montant dans l'avion.

Mais c'est comme si j'étais victime d'un sortilège.

Je ne sais pas si c'est de même pour vous, mais chaque fois que les choses vont bien dans ma vie, il se produit quelque chose d'autre, et généralement, c'est désagréable. J'étais à bord du premier avion qui me ramenait à la maison, et tout allait parfaitement bien dans mon monde. Et puis de gros nuages sont apparus dans le ciel pendant l'escale. Littéralement. Je venais à peine de prendre place dans un autre avion à destination de New York lorsque – BOUM ! – le tonnerre se mit à gronder et que des nuages noirs menaçants sont venus de nulle part. Le ciel s'est assombri. Le vent s'est levé. L'aéroport a cloué tous les appareils au sol. Les gens ont alors montré leur véritable nature, et ce n'était pas joli.

Le personnel de l'aéroport nous a fait évacuer l'appareil. Une foule en colère a assailli les agents d'embarquement qui, un peu étourdis, ne savaient pas quoi répondre aux questions qui fusaient de toutes parts : « À quelle heure est le prochain vol ? Quand l'aéroport reprendra-t-il ses activités ? Comment vais-je faire pour prendre ma correspondance vers Chicago ? »

EN TOUTE CONDITION SOYEZ DANS L'ACTION DE GRÂCES

Alors que je faisais la queue (ou plutôt que j'étais prisonnière de la bousculade), tentant de récupérer mon billet pour un vol qui n'allait nulle part, un verset de la Bible ne cessait de résonner dans ma tête. « Dis merci, Deb », semblait-il m'exhorter à faire. Me faufilant lentement dans la file, j'ai pris mon portable et j'ai tenté de réserver une place sur un autre vol. Devant moi se trouvaient quelques hommes d'affaires qui avaient été assis près de moi dans l'avion. Ils avaient l'air d'avoir eux aussi l'habitude de gérer de telles frustrations. Nous avons échangé un sourire et dit en riant : « La journée risque d'être longue ! »

Dire que j'avais avancé d'un centimètre serait exagéré. En fait, la file n'avait pas bougé. Seule ma pression sanguine grimpait à mesure que j'écoutais la musique insipide que les aéroports diffusent lorsqu'ils vous font languir au bout du fil. Et pourtant, par-dessus cet enregistrement, par-dessus les grognements des voyageurs frustrés, j'ai clairement entendu les mots du verset 5,18 de la Première épître aux Thessaloniciens : « En toute condition soyez dans l'action de grâces… »

« *Ce n'est pas vrai, Dieu joue au plus malin avec moi !* », ai-je pensé.

« *Il n'y a pas grand-chose envers quoi être reconnaissant en ce moment, c'est plutôt l'enfer ! Dis quand même merci ! Mais merci pour quoi ?* », ai-je encore pensé en faisant la moue. *Y a-t-il actuellement une seule raison au monde pour laquelle je devrais dire merci ? Pour l'amour du ciel, nous sommes coincés à Pittsburgh, l'aéroport est fermé, et personne n'ira nulle part avant un bon moment !* Il m'a fallu réfléchir un certain temps pour trouver quelque chose. J'avais déjà exprimé ma reconnaissance pour la bouée de sauvetage financière qui m'avait été offerte, alors cela ne comptait pas.

« *Très bien, Seigneur, merci de ne pas avoir laissé mon avion décoller. J'aurais pu mourir.* » J'avais couvert de nombreuses catastrophes aériennes et je connaissais le pouvoir meurtrier et la turbulence du cisaillement du vent. Donc : « *Merci, Seigneur, de ne pas avoir précipité mes funérailles* », m'a semblé un remerciement suffisant pour le moment.

Mon tour est arrivé en tête de ligne. Une agente de bord affectée au sol donnait un coup de main aux agents d'embarquement. Elle avait l'air absolument crevée. Je me suis sentie désolée pour elle et j'ai dit : « Eh bien, regardez les choses ainsi : lorsque l'avion s'envolera enfin, tous ces passagers seront tellement contents que plus un seul ne se plaindra. »

Elle m'a adressé un bref sourire en guise d'appréciation et a répliqué : « C'est ce que j'espère » en me rendant mon billet, qui ne m'était évidemment d'aucune utilité pour le moment. Les écrans de télévision montraient une ligne d'orages qui paralysaient la majeure partie du nord-est des États-Unis. Optimiste, j'ai réservé une place sur un vol prévu un peu plus tard.

En me dirigeant vers la porte d'embarquement (qui se trouvait bien entendu à l'autre bout du terminal), je suis passée près du groupe de publicitaires. Ils mangeaient des hamburgers et buvaient de la bière. Je leur ai souri et ils m'ont invitée d'un geste à me joindre à eux. « Nous venons de réserver un jet privé pour nous rendre à Teterboro (un aéroport privé situé en banlieue de New York), a dit l'un d'eux. Voulez-vous monter avec nous ? », a offert l'un de ses compagnons.

J'ai été étonnée. Ce n'est pas tous les jours que l'on se fait offrir une balade dans un jet privé.

« Ça alors !, ai-je bredouillé. C'est incroyablement gentil de votre part, mais mon entreprise n'acceptera jamais cela. » D'accord, je n'étais pas en reportage, mais même si cela avait été le cas, le studio n'aurait jamais autorisé une telle dépense.

– Pas de problème », a dit le premier homme en prenant une gorgée de bière. « Nos clients insistent pour que nous soyons bientôt sur place, et le siège serait inoccupé de toute façon. Profitez-en. »

C'était une situation inusitée pour moi. Je me suis demandé si cette offre étonnante avait quelque chose à voir avec mon effort conscient d'être gentille et reconnaissante pendant le chaos qui régnait dans l'aéroport.

« Vous savez quoi ? J'adorerais ça ! Mais j'ai entendu dire qu'il y avait un avion à destination de LaGuardia, ce qui est plus près de chez moi. Je me rendais justement à la porte d'embarquement pour vérifier. » J'ai sorti mon carnet et un stylo. « Donnez-moi votre numéro de portable et je vous tiendrai au courant. Si c'est vrai, vous voudrez peut-être réserver des places sur ce vol. »

Celui qui semblait être leur chef a répliqué : « Non, nous prenons le jet. Mais si votre avion ne décolle pas, avisez-nous et nous serons heureux de vous offrir une place à bord. » Il m'a tendu sa carte de visite et nous nous sommes salués.

J'ai marché – flotté, plutôt – le long du corridor. C'était vraiment extraordinaire ! Dans toute cette folie, de parfaits étrangers m'avaient offert leur aide. Sans raison, sans rien attendre en retour. Je n'avais fait que les saluer gentiment. Encore une chose pour laquelle je pouvais éprouver de la gratitude. Et encore une petite conversation avec mon ami qui se trouve là-haut.

« C'était très généreux, Seigneur. Merci pour la balade. » J'avais parlé à haute voix, mais tant pis si j'ai eu l'air fou !

J'étais épuisée lorsque je suis arrivée à la porte d'embarquement. C'était beaucoup plus loin que je ne l'avais cru et – surprise ! – il n'y avait là aucun départ prévu. Mais cette fois-ci, je n'ai pas ronchonné.

La gentille Deborah débordante de gratitude s'est arrêtée un moment. « J'aurais dû me douter qu'aucun avion ne partirait d'ici », ai-je dit en massant mes pieds endoloris, « parce que tu es pratiquement la dernière porte d'embarquement de cet aéroport ! » J'ai remis mes chaussures et je suis repartie en sens inverse. « Eh bien, j'avais de toute façon besoin de faire un peu d'exercice, ai-je dit joyeusement.

– Hé, attendez !, a crié une préposée. Ce n'est pas affiché, mais il y a un vol de dernière minute à destination de l'aéroport Westchester. Ce n'est pas LaGuardia, mais c'est tout près. »

J'ai accumulé tant de points aériens que les compagnies m'envoient des noix mélangées à Noël. Mais ceci ne m'était encore jamais arrivé. Pour une deuxième fois, je recevais de l'aide dans un aéroport sans avoir demandé quoi que ce soit ! Je commençais à avoir une drôle d'impression.

« C'est une blague !, me suis-je exclamée d'un ton incrédule.

– Non, a-t-elle rétorqué, et si vous vous dépêchez, je crois que vous arriverez à temps. Je téléphone immédiatement à l'agent d'embarquement et je lui demande de vous attendre. »

Elle m'a laissée avec tant de hâte que je n'ai pas eu le temps de lui demander son nom. Chaque fois que quelqu'un va au-delà de sa description de tâches afin de m'aider pendant mes voyages, je me fais un devoir d'envoyer une lettre à la compagnie aérienne. Quelqu'un m'a déjà dit que la personne qui fait l'objet des éloges d'un passager obtient des billets gratuits ou quelque chose pour sa famille. De toute façon, c'est un beau geste à faire.

Je me suis précipitée vers la porte d'embarquement et, bien entendu, l'avion «fantôme» était sur le point de se diriger vers la piste. Il ne restait qu'un siège – que j'ai obtenu grâce à l'appel qu'avait fait la préposée. J'ai tendu mon billet et j'ai reçu en échange une carte d'embarquement m'attribuant le siège 33D. Savez-vous lequel? C'est celui de la dernière rangée vis-à-vis de l'aile, tout près des toilettes nauséabondes! Mais j'étais heureuse d'avoir cette place, je rentrais chez moi.

Une agente de bord qui se trouvait derrière moi a fait ce commentaire pendant que je rangeais mes affaires dans le compartiment au-dessus de mon siège: «Votre agent de voyages doit vraiment vous détester. Vous avez le siège malodorant qui ne s'incline pas!» Elle souriait en prononçant ces paroles.

«Vous rigolez?, ai-je rétorqué. Je suis ravie de m'asseoir ici. Je m'assoirais même sur les toilettes s'il y avait une ceinture de sécurité. J'ai couru d'un bout à l'autre de l'aéroport pour trouver un avion à destination de n'importe où près de New York!»

Elle s'est ensuite éloignée pour s'occuper d'autres passagers, dont une femme qui a été si impolie et méprisante avec elle que j'ai senti le besoin de m'excuser – ce que j'ai fait.

«Je suis tellement désolée qu'elle vous ait parlé sur ce ton», ai-je dit alors que la passagère colérique s'assoyait, encore fâchée. «Elle n'est probablement pas une habituée. Une personne qui voyage régulièrement n'aurait pas agi ainsi.» La mégère semblait tenir le personnel de vol responsable du mauvais temps. «Vous ne méritez pas ça », ai-je dit à l'agente de bord qui avait été prise à partie. Je ne savais pas quoi dire de plus, mais cela m'avait vraiment irritée de la voir se faire agresser verbalement.

«Merci.» Elle a haussé les épaules. «Cela vient avec la tâche. Nous nous y attendons lorsque les éléments se déchaînent, comme c'est le cas aujourd'hui.»

« Je ne crois pas que je pourrais faire ce travail. Jamais je ne serais capable d'affronter des gens comme cette passagère. »

Et puis, je me suis laissée aller à rêvasser à ma chance, aux bénédictions, vraiment, grandes et petites, qui avaient ponctué ma journée. À la conférence qui m'avait été offerte au moment même où j'en avais besoin, aux sympathiques employés de l'agence de publicité, à l'agente d'embarquement qui m'avait si bien renseignée et à la gentille préposée qui m'avait donné la pire place à bord. Ce qui aurait pu être une journée catastrophique s'était révélée une journée extraordinaire.

L'agente de bord est alors venue interrompre le fil de mes pensées. «Je ne vous le demande pas, je vous enjoins de prendre vos affaires et de me suivre.» Elle a ensuite baissé la voix pour ajouter dans un murmure : «Il y a un siège libre en première classe.» Et je l'ai suivie.

Elle n'a jamais su que j'avais déjà un billet de première classe. À bien y penser, tout a commencé par le mot «merci».

En ce qui a trait au pouvoir de ce simple mot, ceci n'était seulement que la partie visible de l'iceberg.

LE POUVOIR DE LA GRATITUDE

Faites-vous un devoir de dire merci à quelqu'un aujourd'hui.

Un

Le pouvoir de la gratitude

« Réfléchissez aux bonnes choses dont vous gratifie la vie –
tout homme en compte à profusion –
et non aux malheurs du passé,
qui sont comptés dans la vie d'un homme. »

– CHARLES DICKENS

Il y a de ces jours où l'on ne souhaite que rester au lit et se cacher la tête sous les couvertures en espérant tout simplement que le monde oublie notre existence. David Patrick Columbia vivait l'une de ces journées. Arrivé depuis peu à New York, il se sentait complètement épuisé par l'effervescence de cette ville qui ne dort jamais. L'excitation et la fierté qu'il avait ressenties lorsqu'il avait emménagé à Manhattan quelques semaines plus tôt s'étaient évanouies. Il s'était alors imaginé en jeune homme talentueux sur le point de prendre d'assaut le monde du magazine. Mais en réalité, il n'était qu'un collaborateur de bas niveau à qui l'on assignait d'ennuyeux reportages sur des célébrités sans envergure qui menaient une vie insignifiante. Il n'avait pas les moyens de s'offrir un appartement et il se savait chanceux d'avoir un ami qui habitait dans l'Upper East Side et qui ne semblait pas s'inquiéter de la durée de son séjour chez lui.

«Je remettais en question mon déménagement à New York, mon talent de rédacteur, mon choix de carrière, tout.» Il savait qu'il devrait surmonter des obstacles en s'installant dans cette grande ville, mais jamais il n'aurait cru que cela serait aussi difficile. Le salaire qui lui avait paru très attrayant au moment de son embauche ne lui permettait pas d'aller bien loin. Et aussi charmant que soit son ami en l'hébergeant aussi longtemps, David ne pouvait s'empêcher de sentir qu'il abusait de son hospitalité. Il se comparait à Blanche Dubois, dans la pièce *Un tramway nommé Désir* de Tennessee Williams, qui était dépendante de la bonté d'étrangers. La seule différence, c'est qu'il connaissait la personne qui était bonne avec lui.

L'esprit rempli de ces sombres pensées, tout ce que David souhaitait en ce samedi matin était de rester au lit en espérant que tout aille mieux. Mais non. Ce samedi matin, il lui fallait se lever et aller chercher une photo qui devait être insérée dans le prochain numéro du magazine. Avec son statut de petit employé, c'était à David de traverser la ville et de faire cette course.

Le temps était froid, gris et humide lorsque David est sorti de l'immeuble où habitait son ami. «Encore aujourd'hui, je ne sais pas ce qui m'a poussé à faire cela, mais j'ai décidé de compter toutes les choses qui me feraient sourire en chemin, dit-il. C'était peut-être un exercice dont quelqu'un m'avait parlé après une réunion d'Al-Anon, mais sans raison précise, je me suis dit que j'allais remarquer toutes les choses agréables qui croiseraient ma route jusqu'à la Cinquième Avenue. »

Premier élément sur la liste de David : une mère avec son bébé tout emmailloté dans son landau. « J'ai toujours eu un faible pour les bébés, et ce petit visage m'a fait sourire. » Ensuite, un mouvement dans le ciel a attiré son attention. C'était un avion qui survolait Manhattan. « Tout ce qui vole a toujours titillé mon imagination, et chaque fois que je vois un avion, je me sens tout excité. »

Et ainsi de suite. Des arômes s'échappant des bistros aux étalages des vitrines des magasins, chaque pâté de maisons parcouru pendant sa traversée obligatoire de la ville lui ont permis de noter quelque chose qui lui a redonné sa bonne humeur. Et lorsqu'il a livré la photo comme convenu, il dit qu'il se sentait très bien et reconnaissant d'avoir franchi une étape intimidante en s'installant dans la ville de New York.

« Cette promenade m'a rappelé que je vivais dans un lieu excitant, intéressant et revigorant, m'a-t-il raconté. Je fais souvent le même exercice lorsque je me sens déprimé, et pour une raison ou une autre, je me sens mieux. » Cela fait maintenant plus de 20 ans que David a fait cette promenade dans Manhattan. Aujourd'hui, c'est un entrepreneur prospère dans le monde des médias. Et ses promenades de gratitude continuent de l'aider à demeurer sur la bonne voie. »[1]

Il est facile de dire merci lorsqu'on vient de gagner à la loterie. Ce mot nous vient spontanément aux lèvres lorsqu'on nous accorde une augmentation ou une promotion. On vous offre un bijou fabuleux ou un nouveau

---

1. David Patrick Columbia, dans une entrevue privée accordée à l'auteure, 20 novembre 2006.

bâton de golf? Merci. Et cette seconde portion de dessert dangereusement délicieux, sans calorie aucune? Merci. Nous vivons dans une société où le spectacle de la reconnaissance attire plus d'un milliard de téléspectateurs. C'est vraiment ce que sont les Academy Awards, les Emmy et toutes ces cérémonies de remises de prix, n'est-ce pas? Une suite ininterrompue de remerciements accompagnés de larmes, entrecoupés à l'occasion d'une allocution ou d'une gaffe monumentale.

Dire merci est l'une des premières choses qu'une mère aimante apprend à son enfant. Lorsque tout va bien, nous n'avons aucun mal à le dire. Nous savons que nous sommes censés reconnaître à sa juste valeur ce qui nous est donné. Et lorsqu'une personne sait que ses remerciements auront des témoins, elle fait un effort supplémentaire pour les exprimer.[2]

L'autre jour, au petit déjeuner, mon fils était plongé dans la section des sports pendant que je versais du lait sur ses céréales. Il a marmonné: « Merci », et je suis presque sûre qu'il ne s'en est même pas rendu compte. *Gracias, thank you, tack, obrigado, danke, asante* – vous savez probablement dire merci dans un tas de langues que vous ne parlez pas.

Mais avez-vous essayé de le « ressentir », de vous en imprégner? Vous vous laissez bien habiter par tout ce qui ne vous inspire pas de gratitude. Si vous êtes comme la majorité des gens, vous mordez probablement dans tous les aspects négatifs de la vie comme un bull-terrier, sans

---

2. Roy E. Baumeister et Stacey A. Ilko, « Shallow Gratitude: Public and Private Acknowledgement of External Help in Accounts of Success », *Basic and Applied Social Psychology* 16 (1995), pp. 191-209.

vouloir lâcher prise. «Oh, pas moi», dites-vous. C'est exact? Poursuivez votre lecture.

Il y a de fortes chances que quelque chose ne se soit pas déroulé comme vous l'aviez prévu aujourd'hui. Peut-être que les choses ont même tourné affreusement mal. Des mots croisés commencés pendant le petit déjeuner vous trottent dans la tête pendant toute la journée. Vous vous êtes levé du mauvais pied et une impression désagréable ne vous quitte plus. Une dispute au petit déjeuner revient constamment vous hanter. Votre estomac se serre à cette pensée; vos lèvres se pincent. Vous songez à toutes ces choses que vous n'avez pas dites parce que vous étiez trop en colère ou avez été trop bête pour vous maîtriser. Vous êtes beaucoup plus sûr de vous pendant ces conversations imaginaires et – oh là là! – vous dites ce que vous avez à dire, vous exprimez enfin ce que vous auriez souhaité dire.

À part ce petit déjeuner, comment s'est passé le reste de votre journée? Pas très bien, n'est-ce pas? En fait, plutôt mal? Croyez-vous que, peut-être, cette journée mauvaise, atroce, terrible, horrible pourrait avoir quelque chose à voir avec le fait que vous vous êtes accroché à l'incident du matin comme un chien à un morceau de viande? L'effet domino a pris naissance dans cette prise de bec devant un bol de Cheerios, une prise de bec dont vous avez fait une idée fixe durant toute la journée.

Que serait-il arrivé si vous aviez tourné votre esprit vers autre chose? Au lieu de laisser la dispute du matin dominer vos pensées, que serait-il arrivé si vous vous étiez plutôt attardé à la magie de la technologie qui vous a permis de vous rendre au travail aujourd'hui? Tous les feux de circulation sur l'avenue à quatre voies que vous empruntez chaque matin étaient au vert. Vous vous êtes glissé dans une circulation fluide, cela a été le trajet le moins stressant que vous avez connu depuis longtemps.

Comment vous seriez-vous senti à la fin de la journée si vos pensées avaient été dominées par le visage de cette adjointe lorsqu'elle a reçu un gâteau d'anniversaire surprise ? Elle était tellement contente. C'était agréable de voir cette dame qui fait tant pour tout le monde au bureau se faire elle aussi gâter un peu.

Avez-vous fait attention à cette lettre que vous avez reçue d'une amie perdue de vue depuis longtemps, une lettre remplie de nouvelles, de bribes de sa vie, d'un intérêt réel pour ce que vous êtes devenu ? En la lisant, vous avez eu le sentiment que cette amie se trouvait dans la même pièce que vous. En y pensant, vous ne pouvez empêcher un sourire de naître sur vos lèvres.

Et pourtant, vous avez ruminé pendant toute la journée, vous vous êtes laissé submerger par l'indignation, vous avez été en colère contre le monde entier et probablement impatient avec des gens qui ne le méritaient pas. Tout cela parce que vous n'avez pas été capable d'arrêter de penser à cette dispute ridicule du petit déjeuner. Cessez de vous morfondre !

Si vous aviez passé la journée à vous réjouir de votre trajet matinal apaisant, à apprécier travailler avec des gens gentils et aimables, à penser qu'une amie vous aime beaucoup, vous vous sentiriez très bien en ce moment. Littéralement. Vous vous sentiriez bien. Voilà : il y avait trois choses aujourd'hui qui s'inscrivaient en positif dans le livre de votre vie. Si vous vous étiez concentré sur elles, vous seriez plus heureux.

Mais, non, vous avez choisi de laisser cette dispute matinale prendre le dessus…, mais quel était le but de cette dispute, de toute manière ? Gâcher votre journée ?

Et vous êtes rentré à la maison d'aussi mauvaise humeur que vous l'aviez quittée.

Il y a 50 ans, des scientifiques ont découvert qu'un papillon femelle appelé « bombyx du mûrier » dégage des phéromones sexuelles très puissantes. « La quantité la plus infime pousse le mâle à battre frénétiquement des ailes et à effectuer une "danse" qui prouve son attirance. »[3] Cela ne fonctionne pas tout à fait ainsi chez les êtres humains, mais quelques études semblent indiquer qu'il peut aussi y avoir chez nous une attirance d'ordre chimique. Ce qui est certain, c'est que certains « comportements » humains peuvent avoir des conséquences prévisibles. La science l'a prouvé.

Consacrez seulement quelques minutes chaque jour à penser aux bonnes choses qui se sont produites, aux incidents et aux situations que vous inscririez dans la colonne du plus si vous notiez les plus et les moins. Vous serez en meilleure santé. Vous dormirez mieux et vous ferez davantage d'exercice. Vous vous sentirez plus optimiste. Prenez tout simplement le temps de reconnaître les bonnes choses qui ont ponctué chacune de vos journées et vous sentirez que vous avez davantage d'énergie. Vous serez plus alerte et plus efficace. Faites-le pendant un certain temps et vous vous rendrez compte que vous progressez vers l'atteinte des buts que vous vous êtes fixés. Vous pourriez même constater que vous devenez moins brouillon, plus organisé, moins possessif. Le désordre qui semblait s'accumuler autour de vous aura tendance à disparaître.

---

3. Maya Pines, « A Secret Sense in the Human Nose : Pheromones and Mammals », www.hhmi.org/senses/d230.html.

ESTIMEZ-VOUS HEUREUX DES BONNES CHOSES DE LA VIE

*« La forme d'arithmétique la plus difficile à maîtriser est celle
qui nous permet de compter les bonnes choses de la vie. »*

– ERIC HOFFER

Vous souvenez-vous de David Patrick Columbia? Ce qu'il a découvert dans sa propre vie, Robert Emmons l'a prouvé dans son laboratoire. Professeur de psychologie à l'université de la Californie à Davis, Robert Emmons s'est intéressé pendant longtemps au rôle que pourrait jouer la gratitude dans le bien-être physique et émotionnel chez l'être humain. En tant que scientifique, il vit pour prouver ce que d'autres acceptent en toute bonne foi. Les partisans de la gratitude, comme Oprah Winfrey, prêchent qu'il est bon de tenir un journal, de prendre note de toutes les bonnes choses qui se produisent dans notre vie. Avec une fortune estimée à 1,4 milliard de dollars par le magazine *Forbes*, Oprah a certainement de quoi se montrer reconnaissante. Mais si prendre note des bonnes choses est bien, jusqu'à quel point cela l'est-il?

Vous voulez une réponse brève? Eh bien, beaucoup plus que vous ne pourriez le croire.

« Et cela ne s'arrêtait pas là! » Me parlant de son bureau au département de psychologie de l'université de la Californie à Davis, Robert Emmons est d'un enthousiasme qui a pratiquement la force d'un ouragan. Il a consacré sa vie à tenter de comprendre ce qui rend les gens heureux.

« Je voulais savoir s'il était possible d'amener les gens à éprouver davantage de gratitude », se rappelle M. Emmons pendant notre entrevue. Il a dit: « De nombreuses idées sont avancées dans la littérature consacrée à la croissance personnelle à propos de la façon d'être plus heureux et de vivre une vie optimale, mais tant que nous n'aurons pas de preuves scientifiques, cela ne voudra rien dire. »[4]

L'expérience que j'ai réalisée pendant mon escale forcée à l'aéroport de Pittsburgh, le professeur Emmons, lui, avec le professeur de psychologie Michael McCullough de l'université de Miami, l'a menée de façon organisée, mettant en place les mécanismes de contrôle et les variables qui font la validité d'une étude. Cela était brillant par sa simplicité.

Les professeurs ont pris trois groupes de volontaires et leur ont assigné au hasard trois éléments auxquels prêter attention pendant une semaine : tracas, choses pour lesquelles ils pouvaient éprouver de la gratitude, et événements ordinaires du quotidien. Le groupe A s'est concentré sur tout ce qui allait de travers ou était irritant, comme : « La batterie de ma voiture était à plat » ou « cet imbécile m'a coupé sur l'autoroute ». Les sujets du groupe B ont noté toutes les situations qui, à leurs yeux, avaient amélioré leur vie, par exemple : « Mon conjoint est toujours si gentil et aimant, j'ai de la chance » ou « c'était le plus beau lever de soleil ; je suis heureux de m'être réveillé tôt ». Le groupe C s'est contenté de noter des événements de la vie courante : « J'ai mis de l'ordre dans mon placard » ou « je suis allé m'acheter des chaussures ».

On avait demandé aux participants de dresser une liste de cinq exemples dans leur catégorie respective et puis de préciser comment ils se sentaient par rapport à chacun d'eux : irrité, honteux, stressé, joyeux, reconnaissant, indulgent, calme, fier, etc. On leur a également posé

---

4. Robert A. Emmons, dans une entrevue téléphonique accordée à l'auteure, 17 octobre 2006.

des questions précises sur leur mode de vie : « Combien de temps consacrez-vous à l'exercice physique ? Avez-vous des symptômes, êtes-vous malade, souffrez-vous d'allergies ? Vous sentez-vous particulièrement énergique ? » S'ils avaient reçu l'aide de quelqu'un, les participants devaient dire comment ils se sentaient à cet égard (reconnaissant, ennuyé, embarrassé, heureux). Finalement, on leur a demandé comment ils se sentaient en général, en considérant tant la semaine qui venait de s'écouler que celle à venir.

Les gens qui s'étaient concentrés sur la gratitude ont affirmé être carrément plus heureux. Ils voyaient leur vie sous un jour favorable. Ils ont noté moins de symptômes négatifs, comme des migraines ou des rhumes, et ils ont davantage pris soin d'eux-mêmes : ils ont consacré près d'une heure et demie de plus par semaine à faire de l'exercice que ceux qui ne devaient s'attarder qu'à leurs problèmes. De plus, les sujets qui s'étaient concentrés sur les bonnes choses pour lesquelles ils pouvaient être reconnaissants éprouvaient encore plus de gratitude. La vie leur paraissait tout simplement meilleure.[5]

Et leur entourage s'en est rendu compte. Le professeur Emmons dit : « Leurs proches ont remarqué qu'ils

5. Robert A. Emmons et Michael E. McCullough, « Counting Blessings versus Burdens : Experimental Studies of Gratitude and Subjective Well-Being in Daily Life », *Journal of Personality and Social Psychology* 84, n° 2 (2003), pp. 377-389 ; voir également Michael E. McCullough, Robert A. Emmons et Jo-Ann Tsang, « The Grateful Disposition : A Conceptual and Empirical Topography », *Journal of Personality and Social Psychology* 82, n° 1 (janvier 2002), pp. 112-127 ; et Michael E. McCullough, Shelley D. Kilpatrick et Robert A. Emmons, « Is Gratitude a Moral Affect ? », *Psychological Bulletin* 127, n° 2 (mars 2001), pp. 249-266.

étaient plus joyeux, plus énergiques. Ils ont constaté qu'ils étaient plus optimistes, et même plus serviables, allant même jusqu'à prendre des risques pour aider quelqu'un.» M. Emmons a été surpris par ce résultat. «Ce n'est pas seulement une approche qui rend les gens heureux en favorisant la pensée positive ou l'optimisme, mais cela les pousse vraiment à faire quelque chose, c'est-à-dire à devenir plus prosociaux ou plus compatissants ou plus optimistes.»[6] Cela ne s'est pas produit dans les deux autres groupes.

Robert Emmons et Michael McCullough ont poussé leur étude un peu plus loin. Plutôt que de mettre l'accent sur les tracas, les bonnes choses et les événements ordinaires sur une base hebdomadaire, ils ont rassemblé quelques volontaires – des étudiants de l'université qui ont reçu des crédits en échange de leur participation à l'expérience – pour le faire chaque jour. Ceux qui devaient prendre note des événements de leur vie quotidienne devaient également répondre à des questions précises. Combien de boissons alcoolisées avez-vous bues? Combien d'aspirines ou d'analgésiques avez-vous pris? Combien d'heures avez-vous dormi et quelle a été la qualité de votre sommeil? Ils devaient également se comparer aux autres. Leur situation était-elle meilleure ou pire?

Si vous aviez eu à dîner avec n'importe lequel des participants à cette étude, vous auriez choisi quelqu'un du groupe axé sur la gratitude. D'emblée, Robert Emmons et son équipe ont constaté qu'une manifestation habituelle de gratitude avait un impact très significatif. Une

---

6. Robert Emmons, dans une entrevue téléphonique accordée à l'auteure, 17 octobre 2006.

étude de suivi a démontré que cet effet était encore plus marqué lorsque la gratitude était exprimée sur une base quotidienne. Les participants qui avaient trouvé quelque chose à apprécier chaque jour étaient moins matérialistes, c'est-à-dire qu'ils étaient moins portés à établir un lien entre la satisfaction dans la vie et les biens matériels. Ils étaient plus prêts à se départir de leurs possessions. Il était peu probable que l'on retrouve sur leur voiture l'autocollant de pare-chocs sur lequel on peut lire : « C'est celui qui a le plus de jouets qui gagne ».

Les participants qui exprimaient leur gratitude étaient moins dépressifs, envieux et anxieux, et beaucoup plus enclins à aider les autres, un trait qui n'a pas échappé à leur entourage. Lorsqu'on a demandé aux gens de donner leur impression sur ces étudiants qui exprimaient leur gratitude sur une base quotidienne, ils ont dit les trouver empathiques, serviables et prosociaux. Ils avaient le sentiment que ces étudiants étaient plus enclins à se dévouer pour autrui.

Voici une liste détaillée des conclusions de l'étude portant sur les participants qui faisaient consciemment preuve de gratitude :

- Ils appréciaient davantage leur vie en général.
- Ils étaient plus optimistes.
- Ils avaient plus d'énergie.
- Ils étaient plus enthousiastes.
- Ils étaient plus déterminés.
- Ils étaient plus intéressés.
- Ils étaient plus joyeux.
- Ils se sentaient plus aptes à relever des défis.

- Ils faisaient davantage d'exercice (près d'une heure et demie de plus par semaine!).
- Ils étaient moins souvent malades.
- Ils dormaient davantage.
- Ils avaient progressé dans l'atteinte d'importants buts personnels.
- Ils étaient davantage portés à aider les autres.
- Ils étaient perçus par leur entourage comme plus généreux et plus serviables.
- Ils étaient moins envieux devant les mieux nantis.
- Ils étaient moins désordonnés.[7]

D'autres études similaires ont fait ressortir des avantages additionnels, dont on peut sans conteste dire qu'ils sont liés à un état d'esprit axé sur la gratitude :

- Une pensée plus claire, davantage de créativité et d'ouverture aux nouvelles idées.[8]
- Une plus grande résilience dans les circonstances défavorables.[9]

---

7. Robert Emmons et Michael McCullough, «Counting Blessings versus Burdens».
8. A.M. Isen, «The Influence of Positive and Negative Affect on Cognitive Organization: Some Implications for Development», dans Nancy L. Stein, Bennett Leventhal et Tom Trabasso (éd.), *Psychological and Biological Approaches to Emotion* (Hillsdale, NJ: Erlbaum, 1990), pp. 75-94.
9. Barbara L. Fredrickson, «The Role of Positive Emotions on Positive Psychology: The Broaden-and-Build Theory of Positive Emotions», *American Psychologist* 56, n° 3 (2001), pp. 218-226.

- Une meilleure réponse immunitaire.[10]
- Une moins grande vulnérabilité devant le stress.
- Une plus grande longévité.[11]
- Des liens familiaux plus forts.
- Une plus grande piété.[12]

Avec des cuisses plus fermes et des abdominaux d'acier, voici donc une liste assez exhaustive de ce que la plupart d'entre nous souhaitons dans la vie.

« Je me suis penché sur un grand nombre de sujets depuis que j'ai terminé mes études il y a près de 25 ans, mais aucun n'a éveillé autant d'intérêt chez les gens que celui-ci, et c'est excitant », m'a dit Robert Emmons, le coauteur de l'étude. De fait, M. Emmons dit qu'il a été plutôt ravi des résultats obtenus. « Dès le début, lorsque j'ai entrepris cette recherche, j'étais si excité que je n'arrivais pas à dormir. » M. Emmons a hâte que les gens mettent en pratique ce qu'il a étudié en laboratoire. « Le défi, ajoute-t-il, consiste à ne pas présenter l'exercice comme étant banal, simpliste ou superficiel. »[13]

---

10. David A. Padgett et R. Glaser, « How Stress Influences the Immune Response », *Trends in Immunology* 24, n° 8 (2003), pp. 444-448. Cette étude se penche sur l'impact psychologique que le stress peut avoir sur le système immunitaire.
11. Deborah Danner, David Snowden et Wallace Friesen, « Positive Emotions in Early Life and Longevity : Findings from the Nun Study », *Journal of Personal and Social Psychiatry* 80, n° 5 (2001), pp. 804-813.
12. Il n'a pas été clairement démontré qu'une grande piété est le produit d'une pensée axée sur la gratitude ni que les personnes pieuses ont tout simplement tendance à se montrer plus reconnaissantes.
13. Robert Emmons, dans une entrevue téléphonique accordée à l'auteure, 17 octobre 2006.

Les participants à l'étude ignoraient pourquoi ils faisaient ces exercices. Tous les changements observés n'étaient que des conditions que les participants avaient notées comme différentes. J'expliquerai dans un instant pourquoi ceci mérite d'être noté.

Alors, comment commence-t-on? C'est étonnamment simple. De fait, si vous avez plus de 6 ans, vous pouvez le faire. (Les chercheurs affirment qu'il est impossible d'exprimer de la gratitude avant cet âge.[14]) *Le pouvoir de la gratitude* ne coûte rien de plus que quelques minutes de votre temps. Mais il exige de vous deux choses: la cohérence et l'ouverture d'esprit. (Ce n'est pas grave si vous êtes sceptique.)

Le professeur Emmons conseille également de faire preuve de dévouement. Il dit: « Je crois que la gratitude est une qualité très exigeante, une qualité rigoureuse à laquelle il faut nous exercer. C'est une discipline, un exercice que la majorité des gens ont de la difficulté à maîtriser. » Il ajoute: « Cela n'a jamais été facile pour moi non plus. »[15]

LES 3 « R » : RELAXATION, RÉFLEXION, RÉDACTION

Prenez un moment chaque jour – la majorité des gens estiment que le meilleur moment est celui qui précède l'heure du coucher – pour noter trois choses qui se sont produites pendant la journée et pour lesquelles

---

14. S. Graham et B. Weiner, « From an Attributional Theory of Emotion to Developmental Psychology: A Round Trip Ticket? », *Social Cognition* 4 (1986), pp. 152-179.
15. Robert Emmons, dans une entrevue téléphonique accordée à l'auteure, 17 octobre 2006.

vous éprouvez de la gratitude. Achetez-vous un simple carnet de notes à spirale ou encore un joli journal – ce sur quoi vous écrivez importe peu. Ce qui compte, c'est ce que vous écrivez. Utilisez la *Liste de contrôle du pouvoir de la gratitude* qui se trouve au bas de la page pour vous aider à commencer l'exercice. Qu'est-ce qui mérite d'être inscrit dans votre carnet? Tout ce qui vous a exalté au moment où cela s'est produit, tout ce qui a mis un sourire sur vos lèvres ou dans votre cœur. En d'autres termes – tout ce qui vous a plu, qui vous a rendu heureux aujourd'hui ou qui contribuera à votre bonheur à venir.

Écrivez ensuite pourquoi chacun de ces événements a joué un rôle bénéfique dans votre vie. Peut-être avez-vous reçu aujourd'hui une lettre ou un courriel d'un camarade d'étude que vous aviez perdu de vue depuis de nombreuses années. Pourquoi cela a-t-il été une bonne chose? Eh bien, cela vous a rappelé tous les bons moments que vous avez passés ensemble à l'époque. Cela vous a fait réaliser que des gens pensent à vous même si vous n'avez aucun contact avec eux, ce qui doit signifier que vous êtes une personne plutôt sociable. Vous avez alors pensé à d'autres vieux amis et avez commencé à songer qu'il serait vraiment amusant d'organiser des retrouvailles. Ce message de votre ami vous a rappelé qu'il y a des gens dans votre vie qui lui donnent vraiment un sens.

Liste de contrôle du pouvoir de la gratitude

Inscrivez sur une feuille ou dans votre carnet de notes les mots suivants en prenant soin d'indiquer à qui vous dites merci et pourquoi. Par exemple :

Merci pour… parce que… et (nom d'une personne) est important ou importante pour moi parce que…

Répétez cet exercice autant de fois que vous le voulez, selon le nombre de gens que vous souhaitez remercier.

———◦◦◦———

Finalement, notez qui, le cas échéant, a joué un rôle dans chaque événement et en quoi cette personne a influé sur votre vie. Dans l'exemple de la lettre envoyée par un vieil ami, le « qui » est facile à déterminer. Ou peut-être avez-vous été arrêté par un policier en revenant du travail et que, au lieu de vous donner une contravention, il s'est contenté d'un avertissement. Et peut-être êtes-vous ce soir reconnaissant envers ce policier, car votre prime d'assurance n'augmentera pas parce qu'il a tout simplement décidé de ne pas vous compliquer la vie.

Rien de tout cela ne semble difficile, n'est-ce pas ? Si on vous donnait le choix entre cet exercice et 50 abdominaux, vous seriez sans doute davantage enclin à saisir le stylo. Cet exercice fonctionne pour plusieurs raisons :

- Il vous incite à penser à ce qui s'est bien déroulé pendant la journée au lieu de vous attarder aux inévitables problèmes.

- Il vous place dans le présent, vous faisant oublier les « j'aurais dû » et les « j'aurais pu », et vous fait considérer la vie sous un jour plus positif et concret.

- Il vous rappelle l'interconnectivité de la vie. Dans le monde trépidant où nous vivons, un individu peut passer des jours sans contact humain, grâce aux guichets automatiques qui éliminent tout contact avec un caissier à la banque ; aux achats en ligne qui nous empêchent de faire la queue dans les magasins ; aux paiements de nos factures sur le Web qui éliminent nos visites au bureau de poste ; et le courrier électronique qui nous permet de communiquer avec les gens sans avoir à leur parler directement. Mais bien que l'élimination de tout contact humain puisse faciliter certaines transactions, elle nous prive également d'un aspect riche et émotionnel de la vie. Cet exercice nous rappelle à quel point les autres contribuent à notre qualité de vie.

- Il met l'accent sur l'estime de soi. La nature humaine nous dit que de bonnes choses devraient arriver à de bonnes personnes. Si les bonnes choses que vous avez inscrites sur votre liste vous sont arrivées, c'est donc que vous les méritiez. Le message publicitaire de L'Oréal se termine toujours par les mots « … parce ce que je le mérite bien. » Et c'est vrai !

Des études réalisées après l'expérience initiale de Robert Emmons et de Michael McCullough ont permis de confirmer les résultats positifs qu'obtiennent les individus qui comptent les bonnes choses de la vie. Certains chercheurs suggèrent toutefois qu'il ne faut pas en faire trop. Une étude menée à l'université de la Californie à Riverside a démontré que les gens qui ne comptaient ces bonnes choses qu'une fois par semaine ont vu leur bien-être augmenter de façon plus significative que ceux qui s'adonnaient à cet exercice trois fois par semaine.[16] Cela

---

16. S. Lyubomirsky, C. Tkach et J. Yelverton, « Pursuing Sustained Happiness Through Random Acts of Kindness and Counting One's Blessings : Tests of Two Six-Week Interventions », université de la Californie à Riverside, département de psychologie, 2004.

pourrait s'expliquer par le fait que les participants qui les comptaient plus fréquemment finissaient par se lasser, rendant ainsi l'exercice moins significatif.

LE POUVOIR DE LA GRATITUDE COURT-CIRCUITÉ

Des experts disent également que l'état d'esprit est très important dans ce processus. Les bienfaits de la gratitude sont mitigés lorsqu'on l'utilise uniquement pour jouir des bienfaits que je viens de décrire. La véritable gratitude est une émotion axée sur autrui dans laquelle l'accent est mis sur le «donneur», et non sur sa quête personnelle d'une amélioration physique ou psychique. Une attitude égoïste vous laissera probablement déçu et avec un sentiment qu'on pourrait qualifier d'«interruption de service du pouvoir de la gratitude».

La preuve en a été établie par une étude dans laquelle les sujets devaient écouter *Le Sacre du printemps* d'Igor Stravinski. On a demandé aux participants du premier groupe d'écouter cette musique en tentant de se remonter le moral. Les participants du deuxième groupe devaient noter en quoi cette écoute les rendait heureux. Et ceux du troisième groupe devaient se contenter d'écouter tout simplement. Les seuls participants qui se sont sentis plus heureux sont ceux qui n'ont fait qu'écouter. L'hypothèse selon laquelle cette musique pouvait altérer l'humeur d'un individu s'est évidemment révélée sans fondement.[17]

---

17. Jonathan W. Schooler, Daniel Ariely et George Loewenstein, «The Pursuit and Assessment of Happiness May be Self-Defeating», dans *The Psychology of Economic Decisions*, J. Carillo et I. Brocas, éd. (Oxford University Press, 2003).

Il y a d'autres limites au pouvoir de la gratitude. Il n'immunise personne contre les incertitudes et les complexités qui composent la vie quotidienne. Robert Emmons et Michael McCullough ont constaté que les sujets qui devaient chercher à éprouver de la gratitude n'avaient pas moins de tracas ni ne souffraient moins de problèmes de santé que les autres. Ils n'étaient pas non plus moins en colère, déprimés, tristes ou autrement négatifs. C'est seulement que tout cela les importunait moins.

Autrement dit, ils ont su se défaire plus rapidement de leurs tracas grâce aux forces qu'ils ont développées en faisant appel au pouvoir de la gratitude. Les psychologues estiment que le seul fait de s'attarder sur ce qui leur inspirait de la reconnaissance leur a ouvert l'esprit et leur a permis de s'inspirer d'aspects positifs sur lesquels ils ne se seraient pas normalement appuyés en situation de détresse. Vous en apprendrez davantage sur ce sujet au chapitre 4.

> « Ce qui trouble les hommes, ce ne sont pas les choses, ce sont les jugements qu'ils portent sur les choses. »
> – *Épictète*

Les chutes du Niagara dégagent suffisamment d'énergie hydraulique pour générer 4,4 millions de kilowatts d'électricité. Au départ, ces chutes ne sont qu'une extraordinaire merveille naturelle. Mais retenues et canalisées, leurs eaux pourraient fournir assez d'énergie pour éclairer 1,7 milliard de foyers. C'est en vous faisant un devoir chaque jour de reconnaître les bonnes choses qui croisent votre route que vous commencerez à exploiter ce pouvoir qui est le vôtre, mais que vous n'utilisez pas. En poursuivant votre lecture, vous découvrirez comment certaines personnes ont employé le pouvoir de la gratitude pour en faire une force incroyable dans leur vie.

LE POUVOIR DE LA GRATITUDE
MIS À L'ÉPREUVE

Jim Boyles, un conseiller financier de la Géorgie, a accepté de tester le pouvoir de la gratitude. En premier lieu, cet exercice n'a pas mis en valeur chez lui un point fort sans précédent, mais une patience inattendue avec ses employés. « Je ne suis pas un monstre, pas du tout, mais dans mon domaine, la moindre petite erreur peut coûter de l'argent à mes clients. Les gens qui travaillent avec moi doivent faire un travail impeccable. En faisant cet exercice, j'ai découvert que j'arrivais plus facilement à garder mon calme lorsque quelque chose allait de travers ou qu'une tâche n'était pas accomplie aussi rapidement que je l'aurais voulu. »

Jim a épousé la jeune fille qu'il fréquentait au collège et ils ont un fils qui étudie à l'université et un autre qui est récemment entré au service de la firme paternelle. Jim aime bien initier son fils aîné aux ficelles du métier et il est fier de dire à ses amis que son garçon a aisément réussi l'examen de la Commission des valeurs mobilières des États-Unis et les autres tests requis. On se serait attendu à ce que Jim éprouve de la gratitude envers sa femme et le fait que son aîné marchait dans ses pas et que son cadet réussissait bien dans ses études. À sa grande surprise, le fait de s'attarder à sa famille l'a amené à mieux apprécier ses employés – sa famille au travail, si l'on veut.

« J'ai réalisé que j'étais probablement plus impatient que nécessaire avec eux », a dit Jim d'un ton songeur. « En réalité, rien n'exigeait que chaque petite tâche soit accomplie le jour même. J'ai même remarqué que je suis moi-même devenu plus souple envers ce qui est moins important.» Et puis, comme s'il devait souligner qu'il peut encore être un sergent instructeur, il se hâte d'ajouter : «Mais nous demeurerons tous au bureau jusqu'à minuit pour nous assurer de répondre aux exigences de nos clients.»[18]

Examinez en quoi les observations de Jim pourraient avoir des conséquences positives et durables sur sa vie. En étant moins irritable avec son personnel, il peut espérer des employés plus heureux. Et des employés plus heureux ont davantage tendance à conserver leur emploi, comme vous le verrez plus loin dans ce livre. Ils sont de meilleurs employés parce qu'ils travaillent dans un environnement qui leur plaît. Ils offrent également un meilleur rendement parce qu'ils se savent appréciés au sein de l'entreprise.

Alors que Jim notait systématiquement les bonnes choses qui se produisaient dans sa vie, sa femme a remarqué à quel point son mari appréciait mieux la vie de famille. Elle aimait beaucoup le vieux Jim, dit-elle, mais le nouveau Jim, le Jim rempli de gratitude, est un bijou.[19]

Après avoir dressé une liste de gratitude pendant seulement quelques jours, Jim pense maintenant en faire une habitude.

---

18. Jim Boyles, dans une entrevue privée accordée à l'auteure, 19 octobre 2006.
19. Madame Jim Boyles, dans une entrevue privée accordée à l'auteure, 19 octobre 2006.

———∾∾∾———

LE POUVOIR DE LA GRATITUDE

Dressez une liste de trois choses pour lesquelles vous éprouvez de la gratitude.

———∾∾∾———

Deux

Bonjour, merci, mon vieil ami

« La gratitude est la mère de toutes les vertus. »

– CICÉRON

La maladie n'a rien d'agréable. Et ce n'est pas plus réjouissant de faire partie de la famille de quelqu'un qui lutte contre la maladie. Lorsque j'étais petite, ma mère a fait de nombreux séjours à l'hôpital, d'abord à cause de problèmes avec sa colonne vertébrale, et puis ensuite à cause des ravages infligés par la polyarthrite rhumatoïde. Petite fille, je me sentais impuissante : je n'avais que 8 ans lorsque je l'ai vue réapprendre à marcher ; adolescente, je l'entendais chaque année demander « de nouvelles jambes et de nouveaux bras » comme cadeaux de Noël. J'avais 20 ans lorsqu'elle est morte.

J'ai regretté pendant longtemps de ne jamais avoir eu ces conversations mère-fille que les autres femmes ont avec leur maman. Et j'ai encore plus regretté de ne pas avoir eu certaines conversations avec ses médecins. Ma mère avait besoin d'une prothèse de la hanche. Mais les rayons X ont montré qu'elle aurait dû être prise en charge bien avant et que son état ne lui permettait plus de subir une intervention chirurgicale. J'aurais aimé harceler les médecins afin qu'ils continuent à chercher pourquoi ma mère était incapable de marcher. Mais comment une adolescente de 15 ans pouvait-elle savoir comment pousser du coude pour obtenir des résultats?

Peut-être aurais-je dû donner un sac de bonbons au médecin de maman. C'est tout ce qu'il a fallu pour inciter des chercheurs à procéder à une expérience.

Après avoir reçu un petit sac de bonbons, des médecins participant à une étude menée par Alice Isen se sont montrés plus aptes à analyser quelques cas difficiles et à poser un diagnostic correct en gardant l'esprit ouvert et en demeurant prêts à accepter de nouvelles informations pouvant modifier leur jugement. Ils se sont également montrés plus disposés que les médecins n'ayant pas reçu de bonbons à étudier les dossiers des patients et à sortir des sentiers battus en suggérant des causes à leurs maladies.

Alice Isen est la scientifique américaine la plus en vue dans le domaine de la recherche sur l'« affect positif ». Professeure à l'université Cornell, elle a étudié pendant plus de 30 ans les effets que le bien-être a sur les gens. Que se passe-t-il exactement? Est-ce qu'un état d'esprit positif et optimiste peut influer sur les capacités d'un individu? Entre ses nombreux cours, déplacements, conférences et travaux de recherche, la professeure Isen a trouvé le temps de me parler de ses trouvailles.

Elle m'a dit que l'expérience mentionnée plus haut avait été réalisée auprès de médecins en service dans un hôpital très occupé, et ce, dès qu'ils pouvaient souffler un peu entre deux tournées de patients. On avait remis aux sujets du premier groupe, outre le matériel leur permettant de poser un diagnostic, un sac à sandwichs contenant 10 bonbons, fermé avec un fil rouge, ainsi qu'une petite note de remerciement. C'est la gâterie qu'elle utilise généralement pour que les gens se sentent bien ou valorisés (en d'autres termes, pour créer un « affect positif », comme disent les chercheurs dans leur jargon). La professeure Isen rit lorsqu'elle se remémore cette expérience : « En fait, nous avons séparé en quatre des tablettes miniatures Hershey parce que nous craignions de perdre nos "gros canons" ».

L'autre groupe de médecins, le groupe témoin, n'a reçu que des remerciements, après avoir accompli son travail.

Les résultats ont différé de façon étonnante. Alice Isen dit : « Les médecins à qui on avait donné des bonbons n'ont pas tiré de conclusions hâtives. Ils ont rapidement établi quelle était la nature de la maladie, mais ils ont veillé à confirmer la validité de leur diagnostic en analysant au fur et à mesure toute nouvelle information qui leur était fournie. » Les médecins qui n'avaient pas reçu de bonbons n'ont pas été aussi méthodiques. Ils ont eu tendance à dénaturer l'information qui leur était donnée ou à ignorer des faits qui ne cadraient pas avec leurs hypothèses initiales. La professeure Isen dit que lorsqu'un affect positif était instauré, les médecins faisaient preuve d'une plus grande objectivité et de plus d'assurance dans l'établissement de leurs diagnostics, et qu'ils ne ressentaient pas le besoin d'avoir absolument raison.[1]

Par quel médecin aimeriez-vous être soigné? J'ai demandé à la professeure Isen si c'était une bonne idée de me munir d'un sac de friandises la prochaine fois que j'irais consulter mon docteur. Elle me l'a déconseillé. Je comprends pourquoi. La plupart des médecins (et qui sait, le vôtre lira peut-être ce livre) aiment bien penser qu'ils sont compétents et font preuve d'une grande ouverture d'esprit. Mais à tout hasard – cela ne peut pas faire de mal –, je crois que je ferai des biscuits avant d'aller passer mon prochain bilan de santé!

LA SENSATION DE BIEN-ÊTRE

Mais comment un banal sac de friandises peut-il faire une telle différence?

La professeure Isen estime que la sensation de bien-être générée par quelque chose d'aussi anodin qu'un petit sac de friandises et une marque d'appréciation intervient dans la production de dopamine par le cerveau. La dopamine est généralement associée au bonheur, – c'est le neurotransmetteur du bien-être. La scientifique précise que lorsque les gens sont excités par un défi ou qu'ils se sentent bien, leur cerveau produit de la dopamine, activant les parties du cerveau où se situent les récepteurs dopaminergiques, surtout les zones frontales qui sont le siège de la réflexion complexe et de la résolution de conflits. De nombreuses autres expériences menées par Dre Isen ont permis d'établir un lien concluant entre la

---

1. Alice Isen, dans une entrevue téléphonique accordée à l'auteure, 11 novembre 2006.

sensation de bien-être et une meilleure réflexion ou gestion des différends.

Les recherches de la professeure Isen portent sur ce qui procure du bien-être aux gens. Elle ne s'est pas spécifiquement penchée sur le rôle que le pouvoir de la gratitude pourrait jouer, mais elle connaît bien le scepticisme que suscite chez certains le fait de compter les bonnes choses qui se produisent dans leur vie. Elle dit que lorsqu'elle s'est elle-même engagée sur la voie de ses recherches: «C'était un domaine inexploré. C'est maintenant un sujet très en vogue, mais à l'époque [1970], personne ne s'y était encore aventuré. Il y avait des gens qui dénigraient l'importance de l'affect positif.»

La preuve se trouvait dans la recherche. «Lorsque je donnais une conférence, poursuit-elle, les gens étaient aimables, mais sceptiques. J'avais pourtant le sentiment que les données que j'avais recueillies étaient pour moi un bouclier. Mes trouvailles étaient extrêmement concluantes, et personne ne les contestait sur le plan scientifique.»[2] Aujourd'hui, mes détracteurs sont incroyablement discrets.

L'UNIVERSALITÉ DE LA GRATITUDE

Bien que cela puisse sembler radical aux yeux de certaines personnes aujourd'hui, il est vrai que l'homme, depuis l'aube des temps, sait reconnaître la sensation de bien-être que procure une marque d'appréciation. «Merci» est probablement le mot que vous avez prononcé le plus souvent. Excepté peut-être le mot pa-pa ou une quelconque variation du mot bouteille, merci est l'un des premiers mots qu'une mère apprend à son enfant.

---

2. *Ibid.*

Aujourd'hui, toutefois, vous dites rarement *pa-pa* et *ma-ma*, mais le mot *merci* fait encore partie de votre vocabulaire.

La notion de gratitude est tout aussi intemporelle. La gratitude est ce sentiment de reconnaissance que l'on éprouve devant les bonnes choses de la vie ou des présents pour lesquels rien n'est attendu en retour. C'est le remerciement que l'on exprime pour ces bienfaits, petits et grands, qui n'exigent aucune contrepartie.)

L'étymologie du mot «gratitude» aide à expliquer sa signification. Il vient du mot latin *gratus* – qui signifie *reconnaissant, heureux* – dont la racine est *gratia*, qui signifie *faveur, qualité agréable* ou *bonne volonté*. On trouve des dérivés de cette racine latine dans plusieurs langues. Le mot sanskrit *grṅati* signifie *chanter les louanges*. En lithuanien, *griṅiu* signifie *louer* ou *célébrer*. Au 13e siècle, la courte prière qui était prononcée avant le repas a pris le nom de *grâce*. Et pour aller encore plus loin, en grec, le mot grâce est *charis*, la racine du mot *charisme*, une qualité agréable que l'on a ou que l'on n'a pas.[3] Et si vous voulez vraiment emprunter les montagnes russes de la vie, n'oubliez pas ceci: en commençant avec un cadeau non mérité (*grâce*), la gratitude est cette qualité agréable (*charisme*) qui fait que l'on souhaite exprimer notre appréciation ou chanter des louanges (*grṅati*), même si aucune marque d'appréciation n'est espérée.)

Les origines du mot *merci* sont tout aussi intéressantes. En anglais, le mot *merci* (*thank*) est dérivé du mot *pancian* en vieil anglais, qui signifie *offrir des remerciements*. La racine de ce mot, *panc*, est également la racine du mot

---

3. Dictionnaire d'étymologie en ligne, «gratitude», etymology. com.

think (*penser*).[4] Pour moi, cela représente l'essence même du pouvoir de la gratitude : c'est-à-dire votre esprit. Si vous n'engagez pas votre esprit, si vous ne vous concentrez pas

> « *Aucune tâche n'est plus urgente que celle de dire merci.* »
> – *Saint Ambroise*

sur ce qui améliore votre vie, alors la gratitude est inexistante.

Pratiquement toutes les religions du monde observent certains rites d'action de grâces. En voici quelques exemples :

- « J'augmenterai Ma grâce, si vous êtes reconnaissants. »[5]

- « Restez toujours joyeux. Priez sans cesse. En toute condition soyez dans l'action de grâces. C'est la volonté de Dieu sur vous dans le Christ Jésus. »[6]

- « Voici le jour que fit Yahvé, pour nous allégresse et joie. »[7]

- « *Levons-nous et soyons reconnaissants, car si nous n'avons pas appris beaucoup aujourd'hui, au moins avons-nous appris un peu, et si nous n'avons que peu appris, au moins ne sommes-nous pas tombés malades, et si nous sommes tombés malades, au moins nous n'en sommes pas morts ; soyons tous reconnaissants.* »[8] (En d'autres termes, peu importe l'état des choses, cela pourrait être pire.)

---

4. Dictionary.com, « thank ».
5. Coran, 14,7.
6. Première épître aux Thessaloniciens (5,16-18).
7. Psaumes (118,24).
8. Texte bouddhiste.

Ces paroles sont tirées de textes juifs, bouddhistes, musulmans et chrétiens. Auuriez-vous su en donner l'origine?

Le pouvoir de la gratitude n'est pas que l'action de cocher sur une liste toutes les bonnes choses de la vie. Si ce n'était que cela, vous auriez une liste longue comme le bras sans avoir à cligner des yeux. Des yeux pour voir ces choses, des mains pour tenir cette liste, du temps pour la lire, un cerveau pour réfléchir et comprendre, etc. Si ce n'était que de dresser une liste, nous préparer à notre expédition hebdomadaire au supermarché nous mettrait dans une forme resplendissante.

D'une certaine manière, la gratitude est le don qui permet de continuer à donner. Tout d'abord, il y a le don lui-même: un geste tendre, un mot gentil, un biscuit offert alors qu'aucune friandise n'était au menu. Le don lui-même évoque le plaisir pour le bénéficiaire. C'est suffisant pour donner à quelqu'un un peu de bonheur. Mais le plaisir va au-delà du simple don. Ce qu'on ne dit pas dans cet échange, c'est que le bénéficiaire méritait ce don. Un étudiant en histoire peut être fier d'obtenir un A après des heures d'étude. Mais il sera reconnaissant envers son professeur qui lui consacrera quelques minutes après un cours pour lui expliquer un point qu'il n'a pas compris.

Les participants à l'étude qui ont permis d'établir ce lien ont constaté que leur humeur et leurs émotions étaient plus gaies et plus optimistes, plus positives. Les gens qui ont un affect positif sont plus confiants et plus énergiques. Ils estiment que leur vie est belle, qu'ils atteignent les buts qu'ils se sont fixés et qu'ils sont en mesure de relever les défis qui jalonnent leur cheminement. Ils sont plus sociables. Bref, ils sont *plus heureux*.[9] Jetez un coup d'œil au questionnaire qui suit. Il a été créé par les auteurs de l'étude sur la gratitude dont il a été question au chapitre 1. Quel pointage obtenez-vous?

―――∽∾∾―――

Questionnaire sur la gratitude (GQ-6)[10]

En vous basant sur l'échantillonnage ci-dessous de 1 à 7, indiquez sur une feuille ou dans votre carnet de notes à spirale, jusqu'à quel point vous êtes d'accord avec chacun des énoncés.

1 = fortement en désaccord;

2 = en désaccord;

3 = légèrement en désaccord;

4 = neutre;

5 = légèrement d'accord;

6 = d'accord;

7 = entièrement d'accord.

---

9. Sonya Lyubomirsky, Laura King et Ed Diener, «The Benefits of Frequent Positive Affect: Does Happiness Lead to Success?», *Psychological Bulletin* 131, n° 6 (2005), pp. 803-855.

10. Robert A. Emmons, Michael E. McCullough et Jo-Ann Tsang, «The Grateful Disposition: A Conceptual and Empirical Topography», *Journal of Personality and Social Psychology* 82, n° 1 (2002), pp. 112-127; la version originale du *Questionnaire sur la gratitude (GQ-6)* conçu par ces auteurs a été légèrement modifiée aux fins du présent ouvrage.

1. *« Il y a tant de choses pour lesquelles je peux être reconnaissant dans ma vie. »*

2. *« Si je devais énumérer toutes les choses pour lesquelles j'éprouve de la gratitude, la liste serait longue. »*

3. *« Lorsque je jette un regard sur le monde, je vois beaucoup de choses qui méritent ma reconnaissance. »*

4. *« J'éprouve de la gratitude envers un grand nombre de personnes. »*

5. *« En vieillissant, je constate que j'apprécie davantage les gens, les événements et les situations qui ont marqué ma vie. »*

6. *« Il ne se passe jamais beaucoup de temps sans que j'éprouve de la gratitude envers quelque chose ou quelqu'un. »*

Comment vous en tirez-vous ? Faites une simple addition. Plus votre pointage est élevé, plus vous éprouvez de la gratitude. Un pointage de 39 ou plus signifie que vous êtes extrêmement reconnaissant. Un pointage inférieur à 24 signifie que vous auriez avantage à utiliser le pouvoir de la gratitude dans votre vie. Un pointage de 33 signifie que vous vous situez dans la moyenne.

———∽∾∽———

Pendant de nombreuses années, les experts ne sont pas arrivés à s'entendre sur ce qui rend une personne heureuse. Tournez-vous vers l'industrie de la croissance personnelle et vous trouverez au moins une centaine d'approches à la quête du bonheur. La majorité d'entre elles ne sont qu'un ramassis de verbiages – sens commun pour les uns, foutaises pour les autres – mais aucune ne propose de preuves irréfutables pour étayer les platitudes qu'elle avance.

Très peu d'études ont été réalisées afin de trouver une façon concluante de développer un affect positif. Lorsqu'elle procède à une expérience, comme nous l'avons mentionné plus tôt, Alice Isen donne à des sujets non avertis un sac de bonbons ou un petit cadeau sans grande valeur, comme un coupe-ongles ou un bloc-notes. Alors que cela suffit à motiver un participant dans le cadre d'une étude, la plupart d'entre nous paniqueraient si un coupe-ongles atterrissait chaque jour dans leur boîte aux lettres.

Mettre en pratique le pouvoir de la gratitude peut également être une bonne façon de développer l'affect positif qui mène au bonheur. Et bien que le bonheur, comme l'argent, ne pousse pas dans les arbres, on «peut», tel un arbre, le cultiver, comme le souligne Chris Peterson, professeur de psychologie à l'université du Michigan. «Les gens qui éprouvent de la gratitude ont une meilleure vie», dit-il.

Le professeur Peterson affirme que tout le monde peut être heureux, il suffit de le vouloir. «Nos recherches nous laissent croire que le bonheur peut être fabriqué, m'a-t-il dit. Beaucoup de gens disent que le bonheur est génétique, qu'il est prédéterminé, que c'est notre façon d'être, que chacun naît ainsi. Mais nous n'en sommes pas convaincus. Nous savons depuis longtemps qu'il est possible de "rendre" quelqu'un malheureux. C'est alors la dépression. Mais peut-on rendre quelqu'un heureux?, demande Peterson. La

> *« La vertu n'est pas héréditaire. »*
> – Thomas Paine

réponse est oui. Mais il ne s'agit pas d'un processus superficiel et instantané. Ce n'est pas un processus en cinq étapes, et puis voilà! Non, c'est une tâche ardue.»[11]

Chris Peterson a été invité par son ancien professeur de l'université de la Pennsylvanie, Martin Seligman, à participer à ses travaux visant à déterminer précisément ce qui fait que les gens se sentent heureux. Ils ont ainsi pu dresser une liste des 24 qualités qui caractérisent les gens heureux et satisfaits. Ces attributs, appelés «signatures des forces», semblent être ce qui contribue le plus au caractère et au sentiment de satisfaction d'un individu.

Voici certaines des caractéristiques de ces signatures des forces:

- La qualité doit contribuer à la capacité qu'a un individu de mener une «belle vie», une existence qui passerait l'ultime test sur son «lit de mort». Autrement dit, au moment de pousser votre dernier soupir, seriez-vous capable de regarder en arrière et de dire que vous êtes heureux d'avoir vécu comme vous l'avez fait? Vous rappelez-vous le discours prononcé par Barbara Bush en 1990 à la cérémonie de collation des grades de l'université Wellesley, dans lequel elle dit aux étudiants qu'ils ne regretteront jamais de ne pas avoir conclu une transaction si c'était pour passer du temps avec leur famille?

- La qualité doit être quelque chose qui a «une valeur en soi».

---

11. Chris Peterson, dans une entrevue téléphonique accordée à l'auteure, 16 octobre 2006.

- La mise en pratique de cette qualité doit avoir des résultats positifs, comme le respect, la satisfaction et une bonne santé.

- La qualité ne doit pas « diminuer les gens ». Ce doit être une qualité qui inspire l'admiration, et non la jalousie. La beauté n'est pas une signature des forces, contrairement à la patience.

- La qualité doit être une constante dans la vie d'un individu, et non être présente uniquement de temps en temps, selon son humeur ou les événements du quotidien. Un individu doit être aimable dans toutes les situations et ne faire preuve de bravoure que lors d'une attaque à main armée.

Ce sont là des qualités auxquelles tout le monde peut aspirer. Comme Christopher Peterson et Martin Seligman l'affirment dans leur livre : « Tout le monde peut aspirer à un caractère fort alors que personne ne peut espérer devenir attirant ou physiquement résistant du jour au lendemain. »[12] Vous pouvez consulter la liste de ces signatures des forces en annexe, où vous trouverez également un lien hypertexte vers un test en ligne qui vous permettra de découvrir vos plus grandes forces.

Toutes ces qualités sont importantes, mais Chris Peterson dit qu'il y en a trois – l'espoir, l'amour et la gratitude – qui ressortent systématiquement comme étant les plus valorisantes. Il n'est pas toujours facile de cultiver

---

12. Christopher Peterson et Martin E.P. Seligman, *Character Strengths and Virtues: A Handbook and Classification* (Washington, DC : American Psychological Association et Oxford University Press, 2004), p. 20.

...spoir et l'amour. Si vous êtes un être odieux, devenir aimant ne sera pas aisé. Si vous êtes démuni, vous aurez de la difficulté à espérer, à moins que votre situation ne change. Mais la gratitude, dit Christopher Peterson, est quelque chose que l'on peut semer et récolter. «On peut le faire progressivement, à petits pas.»

> « *Choisis toujours le chemin qui semble le meilleur même s'il paraît plus difficile : l'habitude le rendra bientôt agréable.* »
>
> – Pythagore

Pour la première de ces petites étapes, M. Peterson a demandé à ses étudiants d'écrire une «lettre de gratitude» à quelqu'un qui avait été particulièrement gentil avec eux, mais qu'ils n'avaient jamais remercié convenablement. Il leur a ensuite demandé de livrer cette lettre en personne. Le professeur Peterson a été estomaqué par ce qui s'est alors produit.

«Nous n'avions aucune idée du succès que remporterait une telle initiative, s'est exclamé le professeur. C'est absolument renversant! C'est intéressant; nous avons fait cette expérience avec des étudiants, et ils ont presque tous remercié leur mère ou leur père. Cela a été le délire. Des parents nous ont pris en aparté pour nous dire : «Les frais de scolarité que nous devons payer en valent vraiment la peine! «» Chris Peterson rit en se remémorant certaines de ces conversations. «Pour certains, je suppose que c'était une lettre qui valait 100 000 $! Il n'y a pas de doute possible.»

———〜〜〜———

LE POUVOIR DE LA GRATITUDE
Écrivez une lettre de gratitude à quelqu'un.

———〜〜〜———

Il n'est sans doute pas surprenant que les parents des étudiants du professeur Peterson aient été abasourdis en recevant cette lettre. La majorité des parents tomberaient à la renverse en recevant un merci écrit pour quoi que ce soit de la part de leur enfant. Ils ne s'attendaient certainement pas à de tels remerciements exprimés du fond du cœur, à des marques de reconnaissance pour les sacrifices qu'entraînait pour eux l'éducation de leurs enfants ni à la promesse que ces derniers en feraient le meilleur usage. Bien entendu, les parents étaient heureux, mais les étudiants qui avaient écrit ces lettres l'étaient également.

Et ce n'était pas uniquement parce qu'ils savaient avoir fait plaisir à leurs parents. Oui, cette missive était une marque de reconnaissance tangible pour ce qu'ils avaient reçu. Mais on pouvait difficilement la comparer au remboursement d'une dette ; peu de parents s'attendent à se faire rembourser les frais de scolarité qu'ils versent. Les étudiants ont vu à quel point leur lettre avait été appréciée, et cela leur a plu. Ce sentiment d'allégresse s'est prolongé bien après la livraison de la missive. Pendant près de 30 jours, les « rédacteurs » ont dit se sentir exaltés ou plus heureux.

Le professeur Peterson et d'autres chercheurs croient que cet effet n'est pas tant attribuable à la rédaction de la lettre elle-même qu'au renforcement de la relation entre l'expéditeur et le destinataire. Ce lien entre des individus, souligné ici par la lettre de gratitude, est ce que les scientifiques soupçonnent être le pouvoir de la gratitude. « Nous ne sommes pas des ermites ; nous sommes naturellement sociables », explique Christopher Peterson. « La gratitude tisse des liens entre les gens. Et elle rend ces liens plus forts et plus positifs. »

Mais le souvenir de ces lettres de gratitude a fini par s'estomper. Malgré le temps et l'émotion consacrés par chaque étudiant à choisir une personne qu'il convenait de remercier, à rédiger la missive et puis à effectuer une visite souvent émouvante pendant laquelle il l'a lue à son destinataire, le bonheur ressenti s'est éventuellement dissipé. Les sentiments agréables sont disparus. Aussi positifs qu'aient été les effets de la lettre de gratitude, pendant environ un mois, ils ont été éphémères.

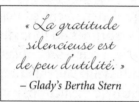

« La gratitude silencieuse est de peu d'utilité. »
– *Glady's Bertha Stern*

En quête de bienfaits à long terme, les chercheurs ont demandé aux sujets de compter chaque jour les bonnes choses qui se produisaient dans leur vie, comme il en a été question au chapitre 1. Ici aussi, les participants ont noté trois choses qu'ils considéraient bonnes et se sont demandé pourquoi chacune d'entre elles s'était produite. Il n'y a rien de particulièrement notoire à souligner à propos du « pourquoi », exception faite que les participants se sont concentrés sur l'exercice et y ont consacré beaucoup de réflexion.

La paresse n'était pas permise. Les participants devaient mettre leurs pensées sur papier, même s'ils avaient parfois envie de sauter des étapes. Pendant les six mois où ils ont dû s'astreindre à cet exercice sur une base quotidienne, les étudiants ont dit se sentir sensiblement plus heureux. Leurs émotions, sentiments et perspectives étaient positifs.[13]

Megan Mahoney n'a pas écrit de lettre à la personne envers qui elle éprouvait de la gratitude. Elle est plutôt allée directement vers cet homme et l'a serré dans ses bras. C'est ainsi qu'elle a exprimé sa reconnaissance envers Dan Engle, un homme originaire de l'Indiana qui serait encore pour elle un parfait étranger si Mère Nature ne les avait pas réunis.

Megan était partie de chez elle dans le Missouri et roulait vers Cincinnati où elle allait rendre visite à des amis. Il faisait un temps radieux et elle savourait la quiétude qui régnait dans l'habitacle de sa voiture. Sa mère avait récemment reçu un diagnostic de cancer du sein et le stress associé à la maladie pesait lourd sur les épaules de Megan. Elle s'était arrêtée pour casser la croûte dans les environs de Terre Haute, dans l'Indiana, et c'est là que le temps avait subitement changé. D'abord, une pluie fine s'était mise à tomber, et puis le ciel s'était ouvert, libérant des trombes d'eau. Megan venait de décider de se ranger sur le bas-côté et d'attendre que la pluie cesse lorsque quelque chose a heurté sa voiture. «J'ai entendu un bruit de métal froissé sur le côté droit de ma voiture, m'a-t-elle dit. Et puis, un fracas de verre brisé.»

Megan a appuyé sur la pédale de frein, mais elle a senti que quelque chose poussait sa voiture. «Je me rappelle avoir pensé: *"C'est ainsi que je vais mourir"* …

13. Christopher Peterson, Nansook Park et Martin E.P. Seligman, «Orientation to Happiness and Life Satisfaction: The Full Life Versus the Empty Life», *Journal of Happiness Studies* 6 (mars 2005), pp. 25-41.

Mais, étrangement, cela ne m'a pas inquiétée. Je n'ai pas paniqué en me disant: *"Oh mon Dieu! Je vais mourir!"* J'étais tout simplement résignée et paisible.» Et puis, son véhicule utilitaire sport a capoté. Megan a senti un choc à la tête et a perdu connaissance. Lorsqu'elle a repris ses esprits, elle se trouvait chez Dan Engle. «Je me souviens de m'être réveillée dans la maison de cet homme, allongée sur son canapé avec une couverture sur moi», dit-elle.

La voiture de Megan avait été frappée par une tornade. Même si elle portait sa ceinture de sécurité, elle avait été aspirée à travers le toit ouvrant et projetée à environ 300 mètres de l'endroit où sa voiture avait atterri. La police dit que son véhicule avait probablement roulé sur lui-même une douzaine de fois avant de s'immobiliser. La ceinture de sécurité de Megan était toujours bouclée.

Dan Engle, qui vivait non loin de là, était sorti après la tempête pour constater les dégâts. Il avait trouvé Megan, hébétée, errant dans un champ. Des débris jonchaient toutes les routes des environs et compliquaient grandement le travail des ambulanciers. Il avait donc ramené Megan chez lui, l'avait fait monter dans sa voiture et l'avait conduite lui-même à l'hôpital. Chose étonnante, Megan n'avait aucune fracture même si elle était contusionnée et couverte de sang. La partie médiane de son corps montrait de nombreuses ecchymoses, là où la ceinture de sécurité l'avait comprimée. Elle souffrait d'une commotion cérébrale et de quelques mauvaises coupures, dont une à seulement quelques millimètres d'une artère du bras droit. Mais cela aurait pu être bien pire. Elle avait eu beaucoup, beaucoup de chance.

Megan se rappelle un dicton qui a cours dans sa famille: «Si tu perds ta mère, alors il t'arrivera quelque chose de bon.» La grand-mère de Megan était décédée l'été précédent et sa mère avait ensuite reçu un diagnostic de cancer du sein. La famille avait commencé à se dire que cette bonne chose ne se produirait jamais.

Après avoir été soignée à l'hôpital, elle a demandé à quelqu'un quel jour on était. Le 31 mars : l'anniversaire de sa grand-mère défunte. Megan a alors pensé : « *La bonne chose que j'attendais s'est produite.* » Au dire de tous, Megan aurait dû être morte et elle ne l'était pas. Sa famille et elle pensent maintenant qu'il y a certainement, après tout, une vérité dans le vieux dicton de la famille.

Deux mois après l'accident, Megan est retournée dans l'Indiana pour remercier, les larmes aux yeux, Dan Engle, le bon Samaritain. M. Engle a été enchanté de voir que Megan allait très bien. « Je suis si reconnaissante d'être vivante et d'être ici, dit Megan. Je sens que j'ai été sauvée pour une raison bien précise. Peut-être pour prendre soin de ma mère ? C'est un miracle. Cela me fait peur de penser que c'en est un. Mais il s'en produit dans la vraie vie. »[14]

Vous devez maintenant être persuadé que le pouvoir de la gratitude, le fait de tenir régulièrement compte des bonnes choses de la vie, est une « bonne chose » en soi. Donc… ?

L'EFFET DOMINO

La sensation de bien-être déclenche une série de mécanismes qui ouvrent des portes étonnantes, en commençant par cet état d'esprit positif à la compréhension duquel la professeure Isen a consacré sa carrière professionnelle. Ses recherches lui ont permis d'arriver à la

---

14. Megan Mahoney, dans une entrevue téléphonique accordée à l'auteure, 31 octobre 2006.

conclusion suivante : les gens dont l'état d'esprit est positif pensent différemment. Ils pensent «mieux».

Dans le cadre de l'une de ses études, on a amélioré l'humeur des gens en leur offrant un petit cadeau. Plus tard, sans savoir qu'il s'agissait d'un sondage relié à la première expérience, ces mêmes personnes ont dit que leurs voitures et leurs téléviseurs fonctionnaient mieux, comparativement aux gens d'un groupe témoin qui n'avaient rien reçu.

Une sensation de bien-être aide également l'individu à penser de façon plus créative, à faire des associations qu'il ne ferait pas nécessairement dans un état d'esprit neutre. De plus, la résolution de problèmes devient pour lui un processus moins ardu. Après avoir provoqué une sensation de bien-être avec un petit cadeau, on a présenté aux sujets de l'étude des mots apparemment non reliés entre eux. Les participants qui avaient reçu un présent ont mieux réussi à faire des associations entre ces mots que les sujets du groupe témoin qui étaient restés les mains vides.

Voici un exemple :

1. Quel mot peut être associé à chacun des trois mots suivants ?

Cottage   Bleu   Souris

En voici un autre :

2. Quel mot peut être associé à chacun des trois mots suivants ?

Atomique   Motrice   Solaire

Une fois que l'on connaît les réponses[15] (à l'envers au bas de la page), il est facile de voir ce lien. Les gens qui se sentent bien font ces associations plus rapidement.

Dans une autre des expériences menées par Alice Isen, les sujets ont été répartis en deux groupes de façon aléatoire et chaque groupe a assisté à un film différent. L'un était neutre, conçu pour ne provoquer aucune émotion. L'autre était une comédie légère qui a fait rire l'assistance. Après la projection, Mme Isen a demandé aux sujets de fixer une bougie sur un tableau d'affichage et de l'allumer. Elle leur a donné une bougie, une boîte d'allumettes et des punaises. Mais les punaises étaient trop courtes et la bougie trop friable. Comment auriez-vous résolu ce dilemme?

Voici la réponse. Il fallait d'abord mettre les punaises de côté, utiliser la boîte d'allumettes comme chandelier et puis fixer cette dernière au tableau d'affichage avec les punaises. Seulement 20 pour cent des participants ayant vu le film neutre ont trouvé la solution en l'espace de 10 minutes. Mais les gens qui avaient vu la comédie ont fait mieux: 58 pour cent d'entre eux ont réussi en 10 minutes dans une étude; et 75 pour cent y sont arrivés aussi rapidement dans une autre.

Les gens heureux étaient plus à même de faire appel à leur imagination et se sentaient moins enclins à s'en tenir à des hypothèses. Ils ont fait preuve de plus de souplesse dans leur réflexion, trouvant des moyens inhabituels, mais pratiques de catégoriser les matériaux et percevant des relations entre des catégories qui, de prime abord, n'avaient aucun lien entre elles, tout comme les groupes de mots mentionnés plus tôt.

---

15. 1. Fromage   2. Anglais

Alice Isen a également constaté que les émotions positives rendent les gens plus serviables. Et étant donné qu'aider les autres procure une sensation de bien-être, les sentiments positifs perdurent et même s'amplifient, créant encore davantage de bien-être.[16]

Il y a également des preuves concluantes qui indiquent que le fait de se concentrer sur un unique moment de bonheur peut aider les enfants à mieux réussir à l'école. On a demandé à un groupe d'enfants de 4 ans de penser à deux événements, un « qui les rendait tellement heureux qu'ils avaient envie de sauter partout » et un autre « qui leur donnait envie de rester assis et de seulement sourire ». Les enfants du groupe témoin devaient penser à un événement quelconque qui ne les avait pas marqués. On leur a laissé 30 secondes de réflexion et puis on leur a fait passer un test nécessitant l'apprentissage d'une tâche. Ceux qui avaient pensé à un souvenir heureux ont mieux réussi, et plus rapidement. Une autre étude a démontré que les enfants qui se concentrent pendant moins d'une minute sur un événement agréable avant un examen réussissent mieux.[17]

---

16. A. M. Isen et coll., « Affect, Accessibility of Material in Memory and Behavior: A Cognitive Loop? », *Journal of Personality and Social Psychology* 36, n° 1 (1978), pp. 1-12; voir également ment F. Gregory Ashby, Alice M. Isen et U. Turken, « A Neuropsychological Theory of Positive Affect and its Influence on Cognition », *Psychological Review* 106 (1999), pp. 529-550; C. Estrada, M. Young et Alice M. Isen, « Positive Affect Influences Creative Problem Solving and Reported Source of Practice Satisfaction in Physicians », *Motivation and Emotion* 18 (1994), pp. 285-299; et Alice M. Isen, K. A. Daubman et G.P. Nowicki, « Positive Affect Facilitates Creative Problem Solving », *Journal of Personality and Social Psychology* 52 (1987), pp. 1122-1131.
17. John C. Masters, R.C. Barden et M.E Ford, « Affective States,

Mais ce que des émotions positives ne feront pas, c'est de fausser la réalité. Même si une sensation de bien-être donne l'impression que le monde qui vous entoure est meilleur, elle ne le rendra pas meilleur qu'il ne l'est déjà. Alice Isen et d'autres chercheurs ont découvert que, lorsque tout est égal, les gens qui sont dans un état émotif positif évaluent les autres plus positivement et perçoivent de façon relativement neutre ou à peine plus positive certains biens de consommation. Une sensation de bien-être ne vous fera pas apprécier quelque chose qui ne peut pas l'être.

Au cours de l'expérience qui a permis d'arriver à cette conclusion, la professeure Alice Isen a encore une fois offert un petit cadeau à un groupe de participants afin qu'ils se sentent bien. Le groupe témoin, comme d'habitude, n'a rien reçu, sauf des remerciements à la fin de l'étude. On a montré aux deux groupes des images neutres, positives et négatives. L'image neutre pouvait être une pile de bâtons, l'image positive un chiot au pelage duveteux, et l'image négative une personne sans domicile fixe à l'époque de la crise économique de 1929. Le groupe qui avait reçu un présent a dit «préférer» les images neutres et positives, et ne pas aimer les images négatives.

«Une sensation de bien-être n'amène personne à voir la vie en rose, dit la professeure Isen. Des mages représentant Adolf Hitler et le Troisième Reich ne paraîtront pas soudainement agréables à l'individu qui est dans un état d'esprit positif généré par un cadeau d'une valeur de 50 cents. L'affect positif ne fait pas en sorte que tout semble meilleur. Cela n'a pour résultat que de faire

---

Expressive Behavior and Learning in Children», *Journal of Personality and Social Psychology* 37, n° 3 (1979), pp. 380-390.

paraître meilleures les choses ayant le «potentiel» de devenir meilleures, uniquement à cause du processus actif consistant à voir les aspects positifs de la situation. Elle conclut: «Ce n'est pas comme de se retrouver isolé dans son monde et dire: "Tout va très bien." L'individu ne perd pas sa faculté de jugement.»[18]

Ce dernier point est important. Les gens qui se sentent bien ne deviennent pas outrageusement optimistes ou aisément influençables. Bien qu'ils soient davantage portés à aider les autres, ils ne porteront assistance qu'à ceux qui le méritent. Les études du professeur Isen ont démontré que s'ils n'aiment pas un individu ou une cause, les gens qui se sentent bien ne lèveront pas le petit doigt et, de plus, seront moins enclins que les autres groupes à se laisser convaincre de faire preuve d'altruisme.

Ce que feront les gens qui possèdent le pouvoir de la gratitude, c'est inspirer ceux qui les entourent à bien faire. Si un leader est habité d'émotions extrêmement positives, les membres de son équipe auront probablement un meilleur rendement.[19] Les vendeurs se montreront plus serviables avec leurs clients, plus souples et plus respectueux.[20] Veillez donc dès aujourd'hui à ce que les gens qui évoluent dans votre monde se sentent bien. Dites merci à la personne dont vous avez toujours tenu les services pour acquis: le gardien de sécurité de l'immeuble

---

18. Alice Isen, dans une entrevue téléphonique accordée à l'auteure, 11 novembre 2006.

19. J.M. George, «State or Trait: Effects of Positive Mood on Prosocial Behavior at Work», *Journal of Applied Psychology* 76, vol. 2 (1991), pp. 299-307.

20. George, «Salesperson Mood at Work: Implications for Helping Customers», *Journal of Personal Selling and Sales Management* 17, n° 3 (1998), pp. 23-30.

où se trouve votre bureau ou le professeur de votre enfant. Ou apportez un verre de citronnade au jardinier qui travaille dans votre cour. Ce n'est pas parce que quelqu'un est payé pour travailler qu'il ne mérite pas un remerciement.

――⁓⁓――

LE POUVOIR DE LA GRATITUDE

Dites merci à quelqu'un qui le mérite depuis longtemps.

――⁓⁓――

Trois

Ne vous en faites pas pour des riens, appréciez-les !

Tout est calme dans le parc national du Serengeti. Incroyablement calme. Dans l'une des réserves fauniques les plus célèbres du monde, on n'entend rien. Le paysage qui a la couleur du blé s'étend à perte de vue. Des acacias solitaires marquent occasionnellement le panorama comme des bornes kilométriques – comme pour témoigner de l'immensité du territoire. Il nous faut rouler pendant 10 minutes pour arriver à la hauteur d'un arbre que nous avons aperçu au loin, et ce, pour constater que le prochain est tout aussi éloigné, comme un mirage dans le désert, sauf que c'est bien réel. La mince ligne noire que nous discernons à l'horizon se transformera bientôt en un troupeau de gnous bruyants, participant à la migration des 1,5 million de bêtes qui traversent ces plaines chaque année.

Ici, cependant, c'est le silence total. Mais l'est-ce vraiment? Nous sommes assis dans le Land Cruiser, moteur éteint, fixant un horizon qui s'estompe dans le brouillard. Le moindre son se trouve amplifié. Le cliquetis métallique du système de refroidissement sous le capot. Le gargouillement de l'estomac de l'un d'entre nous. Nous attendons et regardons autour de nous. Et... nous nous demandons: «*Avons-nous parcouru 15 000 kilomètres dans le but d'observer des animaux pour aboutir à un endroit où il n'y a pas le moindre signe de vie?*»

Mais attendez. Un bruit au-dessus de nos têtes se révèle être le battement des ailes d'un vautour qui sonde le terrain. Un bruissement à notre droite nous permet de déceler une jeune gazelle qui se fond dans la brousse. Et cette zone exempt d'herbe à notre gauche est en fait un troupeau de topis broutant sans but. Je dirige mon regard vers le sol: une sorte de coléoptère s'affaire méticuleusement à effectuer la danse de la vie propre à son espèce.

Je réalise qu'il y a beaucoup de vie ici. Mais je suis tout simplement prisonnière d'une existence trop trépidante pour la remarquer. Je respire profondément et m'installe bien sur mon siège, mes jumelles à la main. «*Simba*, à 11 heures», dit notre guide d'une voix calme. *Simba*, c'est *lion* en swahili. Cinq lunettes d'approche se tournent simultanément dans cette direction. Elle est là, la lionne que nous avions espéré voir aujourd'hui. Adieu, la savane déserte.

—⟡⟡⟡—

LE POUVOIR DE LA GRATITUDE

*Attardez-vous à quelque chose de beau,
et partagez-le avec quelqu'un.*

—⟡⟡⟡—

La nature a quelque chose d'absolument magique. Que vous viviez en ville ou dans le parc du Serengeti, ses propriétés revigorantes sont extraordinaires. Vous découvrirez à quel point la nature est merveilleuse dans le prochain chapitre. Examinez une fleur. Émerveillez-vous devant la complexité des nervures d'une feuille. Observez la myriade de couleurs que fait miroiter le soleil sur le pelage d'un animal. Pour le faire, vous pouvez vous rendre en Afrique ou tout simplement franchir le seuil de votre maison.

Nos vacances familiales en Afrique étaient l'aboutissement d'un rêve que je caressais depuis toujours. J'espère mettre en pratique pendant le reste de ma vie les leçons que j'ai apprises là-bas. Le calme qui naît du murmure du vent. L'universalité des soins maternels : les éléphantes sont aussi protectrices avec leurs petits que je le suis avec mes enfants. Le frisson de plaisir qui accompagne le brusque plongeon du soleil derrière l'horizon. Mais c'est dans les plaines immenses du Serengeti, en Tanzanie, que j'ai sans doute tiré l'enseignement le plus important qui soit : « Il y a de la magie dans chaque moment. »

Il y a de la magie dans chaque moment. Le pouvoir de la gratitude – avec l'accent qu'il met sur les bonnes choses de la vie et les miracles du quotidien – vous aidera à trouver cette magie. Mais vous ne la verrez pas si vous foncez dans la vie tête baissée. Et c'est à l'aéroport LaGuardia que ma petite fille m'a rappelé cette vérité.

Notre avion venait de se poser, enfin, après un vol de retour longtemps retardé à l'issue de vacances familiales chez des parents en Géorgie. Je me hâtais vers l'aire de retrait des bagages, bien déterminée à récupérer nos affaires et à m'éloigner au plus vite de tout ce qui touche de près ou de loin au transport aérien.

« Maman, regarde le chat », s'est exclamée ma fille, Mikaela, qui devait trottiner pour rester à ma hauteur.

« Oui, ma chérie, il est très beau », ai-je répondu automatiquement, sans ralentir le pas. J'ai bien aperçu du coin de l'œil un couple qui tenait quelque chose. Cela aurait pu être un sac de pommes de terre, peu m'importait, car je n'avais pas l'intention de m'attarder sur les lieux.

« Maman, il est chouette, tu ne trouves pas ? » Ma fille ne se rendait pas compte qu'elle parlait dans le vide.

« Oui, il est extraordinaire ! » Je n'avais toujours pas vu de chat. On en voit un et on les a tous vus. Nous en avons un qui s'appelle Fluffy. J'étais prête à parier que le minet de l'aéroport et lui se ressemblaient comme deux gouttes d'eau.

Nous avons récupéré nos valises, les avons traînées jusqu'à la voiture et avons pris la direction de la maison. Pas d'autre commentaire à propos du minet de l'aéroport.

Le lendemain, au travail, j'étais assise dans la salle des nouvelles en train de rédiger le scénario de l'*Inside Edition*, lorsque l'un de mes collègues est entré avec des visiteurs.

« Deborah, laisse-moi te présenter… » Je me suis levée afin d'accueillir… le minet de l'aéroport ! C'est bien vrai : le sac de pommes de terre et le couple qui le tenait étaient là, devant moi, dans la salle des nouvelles. Scottie et Rodney Colvin et leur chat, Piper, goûtaient à leurs 15 minutes de gloire nationale. Piper était cet énorme chat qui était resté juché pendant 8 jours dans un arbre de la propriété de sa famille en Caroline du Sud. Lorsque Piper s'était enfin décidé à sauter d'une hauteur de 80 mètres pour recouvrer sa liberté, il était devenu un sujet de reportage, car la caméra vidéo familiale avait immortalisé son plongeon.

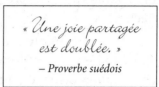

« Une joie partagée est doublée. »
– *Proverbe suédois*

Je comprenais maintenant pourquoi ma fille avait remarqué le minet de l'aéroport. Je n'avais jamais vu un chat aussi gros. Mikaela avait remarqué Piper tout simplement parce qu'elle a encore les yeux grands ouverts naturellement, voulant absolument tout voir. Je m'efforce de faire de même, mais en dépit de tous mes efforts, je suis trop souvent tellement prise par les affaires de la vie que j'en rate les moments magiques. Ce soir-là, j'ai dit merci parce que ma petite fille et ce gros chat m'ont rappelé qu'on peut trouver un enchantement perpétuel dans les lieux les plus ordinaires.

Une prise de conscience des choses les plus banales est ce qui a le plus frappé Whitney Toombs lorsqu'elle a commencé à appliquer le pouvoir de la gratitude sur une base quotidienne. « Je ne crois pas que j'avais prêté attention aux musiciens de la rue auparavant », dit-elle en parlant du trajet qu'elle effectue chaque jour à bord du métro de New York. « Dernièrement, j'ai non seulement remarqué qu'il y en a trois sur le quai du métro ; et ils sont très bons ! Mais hier, il y avait également un violoniste incroyable qui interprétait une merveilleuse pièce de Bach. »

Récemment diplômée et occupant son premier emploi à New York, Whitney trouvait chaque jour quelque chose qui la ravissait à propos de sa nouvelle ville. Mais elle n'avait jamais pensé que son voyage quotidien dans le réseau souterrain crasseux et souvent défectueux du métro de New York serait l'un de ces moments réjouissants. Maintenant, c'est avec impatience qu'elle descend l'escalier de la station de métro, chaque fois curieuse de voir quel délice (ou désastre) musical l'attend. Elle dit que le pouvoir de la gratitude lui a ouvert les yeux.

« Je crois qu'il m'a aidée à vivre intensément chaque instant de la journée. Bien sûr, il est facile de se rappeler ce qui s'est passé au travail et ensuite pendant la soirée avec des amis. Mais je ne pense pas que j'aurais prêté beaucoup d'attention à mes déplacements dans la ville sans le pouvoir de la gratitude. Qui aurait cru que cela puisse être une chose envers laquelle j'éprouverais de la gratitude ? », dit-elle en riant.[1]

Tel est le pouvoir de la gratitude : il vous fait des cadeaux au moment où vous vous y attendez le moins.

Le professeur de 6e année, Neal Feldman, ne s'attend pas à ce genre de cadeaux lorsqu'il est au travail, mais il s'est rendu compte que cela se produit assez souvent. Il se rappelle un moment en particulier avec l'un de ses élèves, environ 6 semaines après le début de l'année scolaire.

---

1. Whitney Toombs, dans une entrevue privée accordée à l'auteure, 31 octobre 2006.

« Tout à coup, au beau milieu d'une leçon, ce garçon de ma classe a levé les bras au ciel et a crié : « J'aime ma vie ! « Ça m'a renversé », dit Neal Feldman en riant. « Juste comme ça, boum ! En pleine classe, il a lancé cette phrase. Et puis la seconde d'après, il était de nouveau à sa place, aussi concentré que ses camarades. Je n'avais jamais rien vu de tel. »

D'habitude, l'élève qui parle en classe est puni. Mais Neal Feldman a été incapable de le réprimander. « J'ai pensé qu'il devait se sentir très bien, et que c'était dans ma classe qu'il éprouvait ce bien-être, explique-t-il. J'ai pris ça comme un compliment. » Neal Feldman s'est même donné la peine de téléphoner à la mère du garçon pour lui raconter cette anecdote amusante.[2]

Il est rare qu'un parent se fasse dire que son enfant est véritablement heureux. Le récit du professeur a dû mettre un sourire sur les lèvres de la mère et lui remonter le moral pour le reste de la journée. Il est indubitable que ce soir-là, l'intervention de son fils en classe a été l'un des moments pour lesquels elle a dit merci. Le pouvoir de la gratitude a un impact secondaire incroyablement fort.

───※───

LE POUVOIR DE LA GRATITUDE

*Énumérez trois choses banales qui illuminent
votre vie quotidienne.*

───※───

---

2. Neal Feldman, dans une entrevue privée accordée à l'auteure, 18 novembre 2006.

Ann Rubenstein Tisch aurait probablement vu le chat héroïque à l'aéroport, car elle ne rate jamais ce genre de moments. Que ce soit en remarquant un arbre magnifique en roulant dans sa voiture un après-midi ou en se réjouissant à l'avance de l'orage que promettent certains nuages menaçants, elle est à l'écoute des petits riens. C'est peut-être pour cette raison qu'elle a accompli tant de choses au cours de sa vie.

Le travail qu'elle fait en tant que correspondante pour la chaîne de télévision NBC News aurait été un accomplissement suffisant pour la majorité des gens. D'abord basée à Chicago et puis à New York, Ann s'est fait connaître grâce à des reportages percutants qui mettaient toujours l'accent sur l'humanité des gens faisant l'actualité. C'est un moment en particulier pendant l'un de ces reportages qui a modelé le dernier chapitre de sa vie.

« Je préparais un reportage pour l'émission *Nightly News* », se rappelle Ann, alors que nous prenions le petit déjeuner ensemble. « Mon sujet était l'ouverture dans une école d'un quartier défavorisé d'un centre de jour pour les mères adolescentes afin de les aider à reprendre leurs études et obtenir un diplôme pendant que l'on prenait soin de leurs bébés sur place. C'était un noble effort. » Du moins, c'est ce que tout le monde pensait. Mais Ann a eu une révélation en interviewant quelques-unes des adolescentes qui bénéficiaient de ce programme.

« J'ai demandé à l'une des jeunes filles qui était vraiment toute menue : "Où te vois-tu dans cinq ans ?" Et elle s'est mise à pleurer. » La voix d'Ann révèle l'étonnement qui a été le sien à ce moment-là. « Mon enthousiasme a baissé d'un cran et je me rappelle avoir pensé : « *Oh, mon Dieu ! Je ne crois pas que nous en faisons assez pour ces enfants. Elle sait qu'elle est dans une* impasse *!* »

Ann a réalisé son reportage, mais le souvenir de la minuscule jeune mère ne cessait de la hanter. « Je me rappelle avoir pensé à elle plus tard ce soir-là. L'idée est d'offrir à ces jeunes filles une planche de salut. Le centre de jour était un noble projet. Les gens qui l'avaient mis sur pied étaient extraordinaires. Mais ce n'était pas la solution. Ces jeunes filles étaient encore coincées. »

Et Ann l'était également – coincée avec l'idée que les jeunes filles de ce quartier défavorisé méritaient mieux. Avec le temps, elle a acquis la conviction que même si elle travaillait très dur comme journaliste, il y avait un travail différent qu'elle se devait de faire, un travail qui aurait plus d'impact et des résultats plus durables qu'un reportage de fin de soirée. Elle a posé son stylo et son bloc de reporter, a donné naissance à deux filles, et peu de temps après, a accouché d'une idée géniale en matière d'éducation publique : elle a fondé une école de filles dans un quartier défavorisé, gérée selon les normes rigoureuses en vigueur dans les meilleures écoles de filles privées de la Ville de New York.

La Young Women's Leadership School (TYWLS) a ouvert ses portes à Harlem en 1996. Elle offre aux jeunes filles de ce quartier défavorisé un programme préparatoire à l'entrée à l'université qui met l'accent sur l'avenir. Peu importe les difficultés qu'elles peuvent avoir dans la vie, TYWLS leur offre une chance de travailler dans le but de connaître un avenir meilleur. Selon Ann, on ne peut pas exagérer à quel point la vie de ces jeunes filles est difficile : foyers brisés, familles violentes, désespoir économique. « Certaines d'entre elles n'ont pas soupé la veille », dit-elle, en donnant un coup de poing sur la table pour souligner son propos. « Mais elles se présentent à l'école

revêtues de leur uniforme et leurs devoirs sont soigneusement faits. »

L'école est pour elles une oasis de paix dans un monde
agité. « Chaque matin, nous disons à nos filles : "Peu
importe ce qui se passe dans votre vie, que vos parents
soient paumés, peu importe – ce n'est pas votre faute.
Pendant les 8 heures que vous passerez avec nous, oubliez
tout ça. Pensez à vous. Ici, il y a une occasion qui s'offre à
vous. Rien ne vous oblige à vivre comme eux, alors tracez
votre propre voie." » L'école embauche des conseillers
d'orientation et des psychologues en plus du personnel
enseignant afin d'aider ces jeunes filles à réussir.

Et ça marche : chacune des diplômées de TYWLS
s'est inscrite à un programme collégial ou universitaire
d'une durée de 4 ans. Près de 90 pour cent d'entre elles
obtiennent leur diplôme. Ann croit que la raison pour
laquelle les jeunes filles réussissent est en fait très simple :
c'est ce qu'on attend d'elles. « Ma mère avait l'habitude
de dire que si on n'attend rien de nous, alors nous ne
faisons rien. » Ann poursuit en disant : « Pendant des
années et des années, dans nos écoles minables et décré-
pites, les administrateurs ont dit : "On ne peut rien espérer
de ces enfants. Regardez leur vie à la maison, et regardez-
les. "On n'attend rien d'eux, et ils ne font rien. Je n'aime
pas dire qu'ils défient toutes probabilités parce que
c'est un peu négatif. Je préfère dire qu'ils changent leurs
attentes. »

Ces changements en matière d'attentes sont plutôt
répandus. Avant que TYWLS ouvre ses portes, le syndicat
des droits civils de New York est allé devant les tribunaux,
affirmant qu'il s'agissait d'une initiative discriminatoire.
D'autres ont dit que c'était « dégradant » de supposer que
ces jeunes filles apprendraient mieux dans une école sans

garçons. Ann dit que, étrangement, ces détracteurs ont été une bénédiction. « Ils ont fait tant de bruit et attiré tellement d'attention sur notre école que nous avons fait la une des journaux et l'objet des conversations dans les cocktails et les dîners. Si vous saviez la gratitude que j'ai éprouvée lorsque ces critiques et la controverse ont propulsé la question de l'éducation publique au premier plan ! Les gens s'y sont intéressés, se sont engagés, et ont parlé de nous. »[3]

En effet, on a beaucoup parlé de ce projet. Le *Washington Post* l'a qualifié de « pure spéculation ».[4] Et puis, la plainte a été rejetée et l'idée a fait son chemin. Il y a maintenant sept TYWLS aux États-Unis.

Pas mal pour une femme qui dit n'être « qu'une enfant du Kansas ». La vie d'Ann est largement différente de celle des enfants qui sont allés à l'école secondaire avec elle. Le pouvoir de la gratitude a joué un grand rôle dans son cheminement. Qu'il s'agisse de son travail de premier plan à la télévision ou de son mariage harmonieux ou de ses deux filles en bonne santé et pleines d'énergie, Ann a toujours su reconnaître sa chance et dire merci au moment opportun. Elle enseigne à ses filles à faire de même. Peu de choses peuvent distraire parents et enfants lorsqu'ils s'adonnent religieusement à leur séance de gratitude hebdomadaire.

Mais rien de tout cela n'explique pourquoi Ann Tisch a choisi un tel moyen pour exprimer sa gratitude. « Cela peut sembler banal, mais à défaut d'autres mots, je

---

3. Ann Rubenstein, dans une entrevue privée accordée à l'auteure, 17 novembre 2006.
4. Rene Sanchez, « In East Harlem, a School Without Boys : Experiment with All-Girl Classes Taps New Mood in Public Education », *Washington Post*, 22 septembre 1996.

dirais qu'il s'agissait d'humanité. C'était une façon de donner en retour, explique-t-elle. Je crois que rien ne peut procurer davantage de bien-être à quelqu'un. Je crois qu'il n'y a tout simplement aucun sentiment qui puisse égaler celui-ci, et je suis heureuse d'avoir eu l'occasion de faire ce que j'ai fait.»

Elle poursuit en disant: «Je me sens si bien et si reconnaissante du fait que, en tant que parent, j'ai la possibilité de choisir l'éducation que reçoivent mes enfants – école mixte, de filles, publique ou privée. Lorsqu'on sait avoir cette chance, on sait également que beaucoup d'autres ne l'ont pas. Ma gratitude m'a poussée à améliorer la situation de centaines de jeunes filles issues de milieux défavorisés. Sachant ce que l'éducation m'a apporté et, éprouvant de la reconnaissance à cet égard, j'ai voulu m'assurer que d'autres auraient la même chance... ou du moins une occasion de réussir.»[5]

Au moment où j'écris ces lignes, 700 jeunes filles ayant fréquenté TYWLS ont reçu leur diplôme. Pensez à toutes ces portes qui s'ouvrent maintenant devant elles, et tout cela à cause d'un unique moment. Un moment. Une jeune mère désemparée devant l'adversité. Et une femme qui ne l'a jamais oubliée.

UN CŒUR RECONNAISSANT EST TOUJOURS PRÊT POUR UN MIRACLE

Aron Ralston est extrêmement conscient du pouvoir de la gratitude. Aron est cet alpiniste qui a fait une chute dans un canyon de l'Utah après qu'un rocher se soit détaché, et dont l'un des bras est resté coincé contre un mur de rocaille. Seul, n'ayant que très peu d'eau, souffrant

---

5. Ann Rubenstein Tisch, entrevue privée, ibid.

de déshydratation et d'hypothermie après cinq jours, il a fait l'impensable afin de retrouver sa liberté. Nos routes se sont croisées en 2004 alors qu'il faisait une tournée de promotion pour son ouvrage intitulé *Plus fort qu'un roc.*[6]

Il m'a dit que la solution à la situation désespérée dans laquelle il se trouvait lui est apparue dans une vision, une vision qui l'a aidé à avoir foi en l'avenir. « Cela peut sembler étrange, mais j'ai senti que je me levais et que mon corps traversait la paroi du canyon. Une porte à panneaux s'est ouverte, et puis s'est refermée derrière moi. Je me suis retrouvé dans une salle de séjour. Un petit garçon âgé de trois ans et portant un polo rouge jouait avec ses camions sur le sol inondé de soleil. Il s'est tourné, a levé les yeux et a dit : "Papa" en se précipitant vers moi. Je l'ai soulevé et je l'ai installé sur mes épaules. »

Dans sa vision, alors qu'il soulevait l'enfant, Aron a remarqué qu'il lui manquait un bras. Cela a été pour lui le signe qu'il survivrait. C'était également un signe qui lui indiquait la chose à faire : procéder à une chirurgie grossière et s'amputer lui-même le bras. Il avait envisagé cette option dès le premier jour. Et c'est grâce à cette vision qu'il s'est résolu à passer l'acte. Il a tout d'abord brisé les os de son bras et puis, après avoir fabriqué un garrot, il l'a sectionné avec le couteau qui se trouvait dans son sac à dos.

On ne peut qu'avoir un mouvement de recul en y pensant. Je sais que j'ai été incapable de réprimer un frisson pendant que j'interviewais Aron dans le cadre d'une émission diffusée à la télévision nationale. Mais pendant qu'il me décrivait ce moment, son visage était

---

6. *Plus fort qu'un roc*, Éditions M. Lafon, Neuilley-sur-Seine, 2005.

lumineux. Il se rappelle cet instant comme d'une renais-
sance, une naissance que cette fois il comprenait pleinement. Aron est extrêmement conscient que sa vie est
aujourd'hui un don, un don pour lequel il éprouve de la
reconnaissance chaque jour.

« Je crois que ce qui vit en moi, c'est la gratitude
envers l'univers qui a permis que je sois vivant et ici.
J'essaie chaque jour de savourer la vie avec une fraction
de cette euphorie que j'ai ressentie lorsque j'ai retrouvé
ma liberté.»

Pour Aron Ralston, le pouvoir de la gratitude a un
thème : la nature sauvage où il a frôlé la mort et retrouvé
la vie. Il continue de faire de l'escalade et œuvre dans le
domaine de la préservation des espaces sauvages. « Je dois
beaucoup à la nature. Elle m'a permis de vivre une expérience hors du commun, et si les gens se sentent inspirés
par mon histoire, c'est parce que la nature était là pour la
rendre possible.»[7]

LE POUVOIR D'UNE PENSÉE

J'ai déjà lu quelque part que l'individu moyen a
environ 60 000 pensées chaque jour. Bien entendu, j'ai été
immédiatement sceptique, me demandant : «*Mais comment a-t-on pu arriver à ce chiffre?*» A-t-on ligoté un
individu et a-t-on fixé des électrodes sur son crâne
pendant toute une journée? Qui a procédé à ce calcul?
Le sujet de l'expérience a-t-il tracé un petit trait chaque
fois qu'il pensait à quelque chose, ou partageait-il chacune
de ses pensées avec un autre pauvre hère obligé lui aussi
de rester assis? Je doute beaucoup que quiconque sache

---

7. Aron Ralston, dans une entrevue réalisée en studio, *Deborah
Norville Tonight*, MSNBC Cable Network, 16 septembre 2004.

combien de pensées une personne a pendant une journée. Mais disons quand même que des milliers et des milliers de pensées et d'idées diverses nous traversent l'esprit chaque jour. Combien de vos pensées sont issues d'un élan de gratitude?

Donna Davis tente de faire en sorte qu'au moins quelques-unes de ses pensées le soient, chaque jour. Agente de voyages dans la banlieue de Philadelphie, Donna dit que le pouvoir de la gratitude l'a aidée à faire de grandes choses sur le plan humain.

Donna se décrit comme la plus tranquille des deux sœurs Davis. Il est difficile de le croire lorsqu'on rencontre cette femme ouverte, engageante et au sourire spontané. Donna et sa sœur, Diane, sont coprésidentes de la Susan G. Komen Breast Cancer Race for the Cure de Philadelphie. Donna dit détester parler en public. Elle le cache bien, car dès la première année où les sœurs Davis ont assuré la coprésidence de l'organisme, elles ont recueilli plus de 2 millions de dollars pour la recherche et l'éducation sur le cancer du sein.

Donna impute son succès aux conversations ou aux pensées qu'elle a le soir avant d'aller au lit. « Je réfléchis à ma journée, je pense à ce que j'aurai à faire le lendemain. Je demande à être guidée. Et je remercie mon ange gardien pour chaque petite chose. Je mets l'accent sur la gratitude, dit-elle. Je regarde ce que j'ai et je me dis : *"Et maintenant? Où en suis-je avec ce que je dois faire?"*»

Le mode de vie de Donna pourrait être adéquatement décrit comme étant l'*anticipation d'exprimer sa gratitude*. Avant même que se produisent ce qu'elle considère de bonnes choses, elle est déjà reconnaissante envers elles, et de mini-miracles se produisent tout simplement!

Sa sœur avait décidé d'acheter une nouvelle maison et avait repéré une jolie résidence dans un beau quartier. Mais la maison n'était pas à vendre. Une semaine plus tard, les deux femmes sont parties en voyage en pensant toujours à cette maison de rêve. Et devinez quoi? À leur retour, la maison était à vendre. Et Diane Davis y vit aujourd'hui.

Donna dit que son engagement envers la cause du cancer du sein a commencé à peu près à la même époque. On lui a demandé si elle voulait participer à la course Race for the Cure. Elle avait alors répondu: «Je ne suis pas une athlète!» Lorsqu'on lui a dit que le but de l'exercice n'était pas de gagner la course, elle a pensé que cela pourrait être un beau geste pour rendre hommage à toutes les femmes qu'elles connaissaient qui avaient dû lutter contre le cancer du sein. C'était la suite logique pour une femme qui avait fait de la musicothérapie auprès d'enfants autistes, bercé des bébés atteints du sida dans des hôpitaux et travaillé auprès d'adolescents hospitalisés en psychiatrie. Donna dit: «Tout ce que veulent les gens, c'est être aimés.»[8] Elle ajoute que de se consacrer aux autres lui procure un sentiment de bien-être.

LE POUVOIR DE LA GRATITUDE

Qu'est-ce qui n'est pas nécessaire?

---

8. Donna Davis, dans une entrevue téléphonique accordée à l'auteure, 15 novembre 2006.

Donna Davis s'est peut-être sentie poussée par le pouvoir de la gratitude pour faire quelque chose d'extraordinaire, comme recueillir des millions de dollars pour la recherche sur le cancer du sein. L'avocat Philip Hilder a réussi un exploit tout aussi extraordinaire, du moins aux yeux de sa famille : il a mis de côté son terminal mobile de poche de marque BlackBerry.

Vous avez probablement déjà vu Philip Hilder à la télévision. C'est l'éminent avocat qui a représenté Sherron Watkins, le dénonciateur dans la célèbre cause Enron. Toujours prêt à relever un défi d'ordre intellectuel, maître Hilder a accepté de tester le pouvoir de la gratitude. Malgré un emploi du temps très chargé : des voyages à travers le pays, des rencontres avec des clients, une préparation de dossiers et de plaidoyers, l'ancien magistrat fédéral a consacré quelques minutes chaque jour à nommer trois choses pour lesquelles il se sentait reconnaissant, comme il en a été question au chapitre 1. Vous serez peut-être étonné d'apprendre que sur sa liste ne figurent ni grande victoire en cour ni effondrement d'un témoin pendant un contre-interrogatoire. Sa liste est composée de petites choses.

« On ressent toujours de la gratitude envers sa famille », me dit-il de l'aéroport O'Hare où il attend de monter à bord d'un avion. « Mais c'est en faisant cet exercice que, chaque jour, il se produit des choses pour lesquelles on peut se montrer reconnaissant et que l'on tient souvent pour acquises. Généralement, on n'y prête tout simplement pas attention.

– Des choses telles que… », ai-je dit pour l'encourager à poursuivre.

– Il peut s'agir de collègues, de gens qui vous ont dépanné, de personnes qui vous aident avec les enfants.

On peut se montrer reconnaissant parce que le journal est à notre porte à l'heure dite chaque matin, parce que la technologie nous facilite la vie, énumère-t-il. Ce sont là des aspects du quotidien auxquels on ne prête pas attention, mais lorsqu'on prend le temps d'y réfléchir, on se rend compte que ce sont en fait les choses que l'on apprécie le plus. Ce sont les choses qui font véritablement une différence dans notre vie.»[9]

Parce que le pouvoir de la gratitude incite les gens à s'attarder à ce qui peut paraître banal, de nombreuses personnes ont tendance à ne pas en tenir compte, selon Philip Watkins, professeur de psychologie à l'Eastern Washington State University. «Ce sont de petits riens qui ponctuent régulièrement notre vie. Et c'est à cause de cela que nous, êtres humains, avons tendance à ne pas les remarquer. Il faut donc faire l'effort d'exprimer notre gratitude envers ces petits riens, car ils sont à mon avis parmi les événements les plus importants de notre vie. Je crois que la personne qui sait éprouver une réelle gratitude est capable de reconnaître ces simples plaisirs et qu'elle les collectionne précieusement.»[10]

Le pouvoir de la gratitude a fait une différence dans la vie de Philip Hilder. «J'ai réalisé qu'une partie de ce pour quoi j'éprouve de la gratitude est également ce pour quoi je ne suis pas reconnaissant. Je ne suis pas reconnaissant du fait que je suis toujours disponible grâce à mon portable ou mon BlackBerry. Les gens m'envoient des messages à n'importe quelle heure et veulent une réponse immédiate. Alors, là où la technologie m'aide à demeurer

---

9. Philip Hilder, dans une entrevue téléphonique accordée à l'auteure, 24 novembre 2006.

10. Philip Watkins, dans une entrevue téléphonique accordée à l'auteure, 18 octobre 2006.

en contact avec eux, elle a également un effet contraignant. À cause d'elle, je vis en mode accéléré, et c'est ce que je n'aime pas. Nous vivons dans un monde trépidant, et je ne suis pas certain que cela soit très sain. Le pouvoir de la gratitude m'aide à apprécier les moments paisibles de la vie.»

Donc, Philip Hilder a fait ce que certains membres de sa profession qualifieraient d'impensable. Il a pris la ferme décision de laisser son terminal de poche bien en sécurité sur son socle de chargement. La plupart du temps, vous ne le trouverez pas dans sa poche, à moins que l'avocat soit en voyage d'affaires ou appelé à s'absenter du bureau pendant un longue période. C'est le pouvoir de la gratitude qui l'a incité à prendre cette décision.

«Cet exercice m'a fait réaliser à quel point j'étais dépendant, et je ne voulais pas l'être.» L'avocat dit avoir compris qu'il était ainsi non disponible pour ses clients les plus importants: sa femme et ses quatre enfants. «J'étais constamment en train de vérifier si j'avais reçu des messages et d'envoyer des courriels alors que j'aurais dû consacrer du temps à ma famille. Je veux être en mesure d'apprécier le temps que je passe avec elle. Maintenant, je sens que nous vivons beaucoup plus sur la même longueur d'onde.»

Ses clients semblent n'avoir rien remarqué et, franchement, Philip Hilder n'est pas certain si sa famille en a même pris note. Mais, lui, voit une différence. «J'adore ça. Vraiment. Cela me permet de réfléchir, de m'arrêter, de penser à toutes les bonnes choses qui m'entourent.»[11]

---

11. Philip Hilder, entrevue téléphonique, *ibid.*

Avec des jumeaux de 3 ans et 2 autres enfants de 5 et 8 ans, ces bonnes choses sont nombreuses. L'avocat Philip Hilder pourrait bien affirmer que le pouvoir de la gratitude lui a rappelé de les apprécier.

Quatre

Mettez l'accent sur les aspects positifs de votre vie

« La gaieté est le meilleur promoteur de santé, et elle est aussi bénéfique pour l'esprit que pour le corps. »

– JOSEPH ADDISON

La journée était idéale pour faire une promenade à bicyclette. Anne Hjelle avait quitté la maison après le dîner, heureuse que le temps se prête si bien à la randonnée en montagne qu'elle avait prévue faire cet après-midi-là avec sa meilleure amie, Debi Nicholls. Elles s'étaient donné rendez-vous dans le stationnement au pied des contreforts du parc où elles avaient si souvent pédalé. Ce serait un parcours difficile, mais les deux femmes étaient prêtes. Leurs gourdes remplies d'eau, leurs casques bouclés, elles s'étaient mises en route.

Trente minutes plus tard, le plaisir ne faisait que commencer alors que le terrain devenait plus accidenté, avec ses courbes et ses bosses, faisant de cette randonnée en montagne toute une aventure.

Anne était en tête. «À la sortie d'une courbe, j'ai aperçu une bicyclette couchée sur le côté du sentier. Je me rappelle avoir trouvé cela bizarre. Où était le cycliste? Personne n'abandonnerait comme ça sa bicyclette. Mais je n'avais pas le temps de m'arrêter et de faire une enquête. Nous roulions à environ 25 ou 30 kilomètres à l'heure à ce moment-là.»

Mais ce n'est qu'avec le recul qu'Anne a retrouvé le souvenir de cette bicyclette abandonnée. Immédiatement après s'être engagée dans la courbe suivante, elle a vu un éclair fauve. D'un seul coup, Anne a été projetée sur le sol et entraînée dans les buissons. Sans faire un seul bruit, un puma était sorti de nulle part et lui enserrait maintenant la nuque de ses mâchoires.

«Je ne me rappelle même pas avoir touché terre, m'a-t-elle raconté. Tout s'est passé si vite. La seule chose dont je me souviens, c'est d'avoir crié: «Jésus, aide-moi! «… L'autre chose dont je me souviens très clairement, c'est de la force du puma. C'était irréel. C'était comme si 10 solides gaillards m'attaquaient en même temps. Au début, le puma me tenait à l'arrière du cou; et puis, j'ai senti qu'il plantait ses crocs sur le côté de mon visage. Il a tiré et m'a ouvert la joue.» Anne semble incroyablement détachée alors qu'elle me raconte ces premières secondes de terreur. «Je n'ai ressenti aucune douleur sur le moment. Je n'étais consciente que de la force de la bête.» Dès la première morsure, le puma lui a ouvert la joue comme une boîte de sardines, jusqu'au globe oculaire.[12]

---

12. Anne Hjelle, dans une entrevue réalisée par l'auteure le 19 avril 2004 pour le compte de *Inside Edition*, un magazine télévisé

Debi avait entendu les cris de son amie. Mais avant qu'elle ait pu négocier la courbe, Anne avait déjà été traînée par le puma sur une distance d'au moins 10 mètres en direction d'un ravin.

Debi a hurlé. Elle a saisi son vélo et l'a lancé en direction de l'animal. Mais il n'a pas bronché. Alors Debi, mère de quatre enfants, s'est elle-même lancée dans la mêlée, s'agrippant à l'une des jambes d'Anne, tentant désespérément d'empêcher l'animal d'emporter son amie.

« J'ai dit : "Tu ne vas pas faire ça !" », se rappelle Debi. « Je ne pouvais tout simplement pas le laisser partir avec elle. Je savais ce qui arriverait. » Debi a appelé au secours tout en s'accrochant à la jambe d'Anne, espérant que d'autres randonneurs entendraient ses appels.[13]

Anne tentait désespérément d'échapper au grand félin, mais en vain. De fait, elle était intensément consciente de la façon dont le puma assurait méthodiquement sa prise.

« Son but, comme cela aurait été le cas avec n'importe quelle autre proie, était de me rompre le cou et de me paralyser », explique Anne. « Il tenait mon visage dans sa gueule et je pouvais sentir qu'il tentait de me saisir à la gorge. » Avec chaque pas qu'il faisait dans les buissons, le puma rapprochait ses crocs de la trachée-artère d'Anne.

Anne est une femme qui croit profondément en Dieu, et elle a désespérément prié pour qu'Il l'aide. Même en se débattant comme une forcenée, elle avait été

---

affilié diffusé les 3 et 4 mai 2004.

13. Debi Nicholls, dans une entrevue réalisée par l'auteure le 15 avril 2004 pour le compte de *Inside Edition*, un magazine télévisé affilié diffusé les 3 et 4 mai 2004.

incapable d'échapper au puma qui tirait maintenant les deux femmes dans les buissons. Cette lutte n'a duré que quelques minutes, mais Anne dit qu'elle a vite senti venir l'évanouissement.

Le puma l'a mordue plus bas. Les voies respiratoires d'Anne étaient maintenant bloquées. Son corps était inerte.

« Je savais qu'il n'y avait plus rien à faire », dit-elle en parlant de cet instant où elle a senti qu'elle commençait à perdre connaissance. « Tout reposait entre les mains de Dieu, et c'est paisiblement que j'envisageais la mort. J'essayais de dire au revoir à Debi et, dans ses yeux, je pouvais lire la peur. J'ai trouvé cela très difficile. »

Et puis, comme s'ils avaient été envoyés par le Ciel, trois hommes sont arrivés et ont aussitôt commencé à lancer des cailloux au puma. Au moment où Anne perdait connaissance, l'un des projectiles a frappé la cible : l'arrière du cou du félin. Le tueur a lâché prise, et Anne a été sauvée.

Alors qu'ils attendaient, loin dans la forêt, quelqu'un a posé un tee-shirt sur le visage d'Anne. Lorsque les ambulanciers paramédicaux sont finalement parvenus sur les lieux, l'un d'eux tremblait. Debi ignorait si c'était à cause du visage déchiqueté d'Anne ou parce que le puma rôdait non loin. Il faisait nuit maintenant, et ils pouvaient voir ses yeux luire sous le faisceau de leurs lampes de poche. La bête se tenait à tout au plus 10 mètres d'eux.[14]

Anne a été héliportée et transportée dans un centre de traumatologie où des chirurgiens ont minutieusement

---

14. Anne Hjelle, entrevue, *ibid.*

recousu son visage. L'intervention a duré 6 heures, et cela n'a été que la première de plusieurs chirurgies. À son réveil, on lui a dit que la bicyclette abandonnée qu'elle avait aperçue sur le sentier avait appartenu à Mark Reynolds. Il avait été tué par le même puma quelques minutes seulement avant qu'il s'en prenne à elle. Qu'elle ne soit pas devenue le second repas du puma ce jour-là est un miracle comme il y en a tant. D'ailleurs, d'autres miracles sont décrits au chapitre 10.

Mais tout d'abord, parlons de celui-ci: Anne a survécu. Anne Hjelle et Debi Nicholls sont peut-être très fortes sur des vélos de montagne, mais elles sont incomparables lorsqu'il s'agit d'affronter un puma. On ignore comment Anne a pu empêcher le félin de lui infliger une morsure fatale. La peau de son visage était décollée jusqu'à l'os. Certaines morsures avaient été pratiquées à seulement quelques millimètres de sa veine jugulaire. Comment a-t-elle réussi à survivre? Et comment Debi a-t-elle réussi à trouver la force de bondir jusqu'à l'endroit où son amie était entraînée par le puma. Elle a su trouver la force de s'agripper à son amie et de planter ses talons dans le sol afin de ralentir la progression de l'animal. Comment?

Les experts nous disent que ces femmes ont automatiquement retrouvé les racines primitives de l'être humain. Leur corps tout entier était concentré sur une seule chose: échapper au puma. Une décharge massive d'adrénaline a donné à Debi une force surhumaine. Anne a fait preuve d'une présence d'esprit instinctive pour soustraire son cou aux crocs de la bête. Tous les sens des deux femmes étaient canalisés vers un seul but: la survie.

Lorsque j'ai interviewé Anne au sujet de cette incroyable mésaventure, je lui ai demandé: «Le puma puait-il?» J'avais une image mentale (et olfactive): je m'imaginais submergée par l'odeur pestilentielle de cette bête sauvage. Elle avait déjà dévoré un cycliste et il était clair qu'elle avait l'intention de s'offrir un deuxième service avec Anne.

« Je ne sais pas, a-t-elle répondu. Je ne me rappelle pas avoir senti quelque odeur que ce soit. »[15] Elle ne se souvient pas non plus d'avoir eu mal (mais ses sauveurs ont entendu ses gémissements ; la douleur devait donc être atroce).

Cela n'est pas étonnant. Dans des moments de stress extrême, le corps humain atténue toutes les sensations et oriente tous ses systèmes vers la source du stress. La machine humaine se trouve alors prête à courir, bondir, nager, à faire tout ce qui est nécessaire pour survivre. Les fonctions corporelles non essentielles sont mises en état de veille. Les sens de l'ouïe, de l'odorat et du toucher – la perception de la douleur – n'étaient pas essentiels à la survie des deux femmes, et ils ont donc laissé toute la place aux forces dont Anne et son amie avaient besoin pour combattre le félin.

Anne Hjelle est vivante aujourd'hui à cause d'un pouvoir surhumain et de sa connaissance intuitive des intentions du « grand chat », une connaissance qui a surgi du plus profond de son être. Anne dit plutôt que c'est de là-haut que lui est venue cette force. C'est à Dieu seul qu'elle attribue sa survie.

Le corps de chacun de nous sécrète ces mêmes hormones qui ont aidé Anne à combattre le fauve. À l'époque où l'être humain était encore un chasseur-cueilleur, il se faisait souvent attaquer. Une forte décharge d'adrénaline, une accélération du rythme cardiaque, une hausse de la

_____

15. *Ibid.*

pression artérielle et une rapidité induite par une sécrétion de cortisol ont souvent été ce qui a empêché les premiers êtres humains de devenir l'apéritif d'un carnivore assoiffé de sang. C'est la réaction combat-fuite qui a permis à l'être humain de se mettre à l'abri, de se surpasser, de se montrer plus futé que ses adversaires et d'assurer sa survie.

De nos jours, ces mêmes hormones n'ont plus le même usage. Une réaction combat-fuite se déclenche lorsque nous nous rendons compte que nous nous sommes engagés à dîner avec deux personnes différentes en même temps. Nous nous énervons lorsque nous réalisons que nous avons oublié l'anniversaire de notre conjoint. Nous nous arrachons les cheveux lorsque nos enfants ne cessent de poser des questions ou nous coupent systématiquement la parole.

Pensez à la façon dont vous réagissez lorsque vous êtes en colère. Votre cœur bat la chamade; votre pouls s'accélère; vous devenez agité et tapez sur la table ou frappez du pied. Vous ne voyez rien d'autre que l'imbécile qui vous a mis hors de vous. Que vous le vouliez ou non, c'est gravé dans votre mémoire. Du plus profond de votre être monte le besoin de passer à l'attaque.

L'adrénaline et le cortisol nécessaires au déclenchement de l'attaque sont présents, mais sans stimulus physique, les hormones du stress ne peuvent que nuire à votre système digestif, à vos habitudes de sommeil et à votre système cardiovasculaire, ce qui se traduit par des maladies cardiaques, pour ne nommer que le premier des nombreux problèmes de santé dont vous pourriez alors souffrir.

LA FACULTÉ DE « DÉ-STRESSER »

Que se passerait-il si nous pouvions vivre le scénario du stress « en le rembobinant » ? Au lieu de se restreindre ou se limiter en vue de l'attaque, serait-il possible que notre esprit et nos fonctions corporelles prennent au contraire de l'ampleur ? Que se passerait-il si vous remplaciez la colère par de l'appréciation, la frustration par de la gratitude et la tension par de la quiétude ? Est-ce que le corps humain réagirait de la façon opposée ?

C'est ce que Barbara Fredrickson tente de déterminer depuis plus d'une décennie. Cette professeure de psychologie, qui travaille actuellement à l'université de la Caroline du Nord, a élaboré une théorie qu'elle appelle « élargir et construire ». Contrairement aux émotions négatives de la colère et du stress qui préparent l'organisme à une réaction spontanée, les émotions positives semblent nous habiter plus longtemps. Alice Isen a prouvé dans le cadre de ses recherches effectuées à l'université Cornell que le bien-être a des effets secondaires positifs : une capacité accrue à réfléchir, à négocier et à résoudre des problèmes. Est-ce que le bien-être pourrait également éliminer le stress qui accompagne l'impression que tout va mal ? Barbara Fredrickson a décidé d'en avoir le cœur net.

Il y a un dicton que l'on attribue à Winston Churchill : « Il y a trois choses qui terrifient n'importe quel homme : tenter d'escalader un édifice qui penche vers lui, tenter d'embrasser une femme qui s'éloigne de lui et… parler en public. »

Mme Fredrickson et son équipe ont choisi de se pencher sur le discours. Faisant appel à des étudiants de l'université du Michigan (chacun étant payé 30 $ pour sa participation à l'étude), l'équipe les a invités à pénétrer dans une pièce où étaient installés une caméra vidéo et un écran-témoin. On a dit aux sujets qu'ils disposeraient d'une minute pour préparer un discours d'une durée de trois minutes sur un sujet dont ils seraient informés plus tard. On leur a également dit que leur discours serait enregistré sur bande vidéo et qu'il pourrait éventuellement faire l'objet d'une évaluation par leurs pairs et compter dans le calcul de leur note finale. On a mesuré la tension artérielle et le pouls de chaque étudiant, et on a pris bonne note des signes de stress que chacun d'entre eux manifestait clairement. Car, naturellement, la perspective de prononcer un discours les rendait nerveux.

Barbara Fredrickson et son équipe ont préparé quatre courts métrages. Le premier, « Le chiot », était drôle et montrait un gentil petit toutou en train de gambader et de jouer avec une fleur. Le deuxième, « Vagues », évoquait le bien-être avec des scènes où les flots de l'océan venaient se briser sur une plage. Le troisième, « Pleurs », était l'histoire d'un petit garçon qui voyait mourir son père. Et le quatrième, « Bâtons », était tout simplement la projection d'un ancien économiseur d'écran d'un terminal d'ordinateur montrant des bâtons s'empilant les uns sur les autres. Les étudiants ont été répartis en quatre groupes de façon aléatoire et chaque groupe a vu un film différent.

En fait, aucun de ces étudiants n'a dû parler en public, mais tous ont été stressés à l'idée de le faire. Toutefois, ceux qui avaient visionné les films positifs se sont détendus plus rapidement. Les images agréables et évoquant le bonheur ont « éliminé » les effets physiques du stress, jusqu'à un certain point du moins. Ces manifestations (tension artérielle élevée, pouls et respiration plus rapides) qui avaient été notées chez tous les étudiants lorsqu'ils avaient appris qu'ils devraient prononcer un discours impromptu, sont disparues plus rapidement chez ceux qui avaient visionné un film positif.[16]

Barbara Fredrickson explique : « Les émotions négatives entraînent un rétrécissement du champ de conscience et déclenchent une réaction pouvant se résumer à : "*Oh, il faut que je me sorte de là.*" Le corps réagit en irriguant massivement les muscles agonistes en prévision de la fuite. Mais les émotions négatives doivent être éliminées lorsqu'elles ne sont plus pertinentes, lorsque l'individu sent que sa vie n'est plus menacée. Les émotions positives peuvent avoir cet effet. »[17]

Est-ce que quelque chose d'aussi simple qu'un film amusant peut minimiser le stress ? Les experts disent que, de toute évidence, ce n'est pas le film lui-même qui explique le phénomène, mais les souvenirs émotionnels qu'il déclenche. Le pouvoir de la gratitude, et les émotions positives qu'il suscite, peuvent ouvrir ou élargir, pour reprendre les termes de Barbara Fredrickson, le passage qui permet de puiser plus facilement dans ces souvenirs positifs.[18]

Avez-vous déjà tenté de récupérer un objet coincé dans un trou trop étroit pour que vous puissiez y glisser la main ? Comme cela aurait été plus facile si ce trou avait

---

16. Barbara L. Fredrickson, Roberta A. Mancuso, Christine Branigan et Michele M. Tugade, « The Undoing Effect of Positive Emotions », *Motion and Emotion* 24, n° 4 (2000). pp. 237-258.

17. Barbara L. Fredrickson, dans une entrevue téléphonique accordée à l'auteure, 2 novembre 2006.

18. Barbara L. Fredrickson et Robert W. Levenson, « Positive Emotions Speed Recovery from the Cardiovascular Sequelae of Negative Emotions », *Cognition and Emotion* 12, n° 2 (1998). pp. 191-200.

été juste un peu plus large. Le pouvoir de la gratitude ouvre le passage, vous permettant de tirer plus aisément une force nouvelle dans les nombreuses expériences positives et enrichissantes qui ont jalonné votre vie, et vous libérant du même coup de l'emprise du stress.

«Très souvent, ce que nous trouvons stressant fait tout simplement partie de la vie. Mais notre corps réagit, et cette réaction qui devrait être temporaire perdure.» Barbara Fredrickson dit que des exercices visant à créer des émotions positives contribuent à éliminer cette tendance: «Des rituels consistant à compter les bonnes choses de la vie permettent de faire une pause et de neutraliser comme il se doit le mécanisme du stress.»[19]

Mais c'est comme se polir les ongles. Si vous voulez qu'ils soient toujours impeccables, vous devez en prendre soin régulièrement. Vous aurez des mains magnifiques après une séance chez le manucure, mais si vous négligez d'y retourner, ce sera vite le désastre. «Écrire une lettre de gratitude ou coucher sur papier ce pour quoi l'on éprouve de la reconnaissance peut procurer une sensation de bien-être pendant une journée ou une semaine. Mais si on ne le fait pas sur une base régulière, on peut très vite voir la vie sous un jour sombre», dit Mme Fredrickson. «Même si l'on se prête à cet exercice pendant un mois et que cela donne de bons résultats, on ne peut pas supposer que ces changements seront permanents. Il faut faire un effort intentionnel. Il faut l'intégrer à notre quotidien et à nos habitudes.»[20]

---

19. Fredrickson, dans une entrevue téléphonique accordée à l'auteure, 2 novembre 2006.
20. *Ibid.*

Une fois que c'est devenu une habitude, c'est comme si l'on portait une veste pare-balles. Le pouvoir de la gratitude peut vous protéger des forces et des gens qui sont susceptibles de miner votre moral. Barbara Fredrickson a poursuivi ses recherches afin de mieux comprendre comment les émotions positives générées par le pouvoir de la gratitude peuvent rendre un individu meilleur.

Elle a encore une fois eu recours à des courts métrages pour influer sur l'état d'esprit de ses sujets. Elle leur a fait voir cinq vidéos. La première, « Pingouins », qui montrait ces sympathiques créatures en train de se dandiner et de nager, les a fait rire. La deuxième, « Nature », où se succédaient pendant une minute et demie des images de champs, de rivières et de montagnes, les a plongés dans une calme béatitude. La troisième, « Témoin », un extrait du film *Témoin sous surveillance*, qui montrait un groupe d'Amish qui était la cible des railleries de passants, a suscité chez eux colère et dégoût. La quatrième, « Alpiniste », qui présentait pendant près de trois minutes le cauchemar d'un grimpeur victime d'un accident, a provoqué peur et anxiété chez les participants. La cinquième et dernière vidéo, « Bâtons », qui ne montrait qu'une succession de bâtons colorés qui s'empilaient les uns sur les autres, n'a suscité pratiquement aucune émotion.

Après avoir vu l'un des films, les participants à cette seconde expérience ont dû décrire, en un mot ou deux, l'émotion la plus intense qu'ils avaient ressentie pendant le visionnement. On leur a ensuite demandé : « En songeant à cette émotion, veuillez dresser la liste de toutes les choses que vous aimeriez faire dès maintenant. » Les participants qui avaient vu les films positifs, « Pingouins » et « Nature », souhaitaient non seulement faire davantage de choses, mais ces dernières revêtaient un caractère plus dynamique. Ils voulaient être plus actifs et profiter du plein air, et dans le cas de ceux qui avaient vu « Pingouins », être plus enjoués et plus sociables.

Les participants qui avaient vu les films négatifs ont fait montre d'un esprit plus étroit, accordant moins d'importance à l'action. Ceux qui avaient vu « Témoin » et « Alpiniste » ont montré moins d'empressement à boire et à manger, à faire leurs travaux scolaires ou à travailler régulièrement, ou encore à évoquer des souvenirs avec leurs pairs. Les participants qui avaient vu « Témoin » ont eu tendance à se montrer moins sociables, et ceux qui avaient vu « Alpiniste » ont été davantage portés à se regrouper, peut-être parce qu'ils ont senti que le nombre est synonyme de sécurité.

On a également fait passer aux étudiants des tests visant à mesurer leur habileté à penser globalement. Il s'agissait de comparer des illustrations. Il n'y avait pas de bonnes ou de mauvaises réponses, mais un choix révélant une vision plus globale du monde, et d'autres équivalant à des perceptions plus étroites et plus circonstanciées. Les participants qui avaient vu les films positifs (des pingouins enjoués et des paysages paisibles) se sont nettement démarqués en matière de réflexion globale.[21]

---

21. Barbara L. Fredrickson et Robert W. Levenson, « Positive Emotions Speed Recovery from the Cardiovascular Sequelae of Negative Emotions », *ibid.*; voir également Barbara L. Fredrickson et Christine Branigan, « Positive Emotions Broaden Scope of Attention and Thought-Action Repertoires », *Cognition and Emotion* 19, n° 3 (2005). pp. 313-332; Michele M. Tugade, Barbara L. Fredrickson et Lisa F. Barrett, « Psychological Resilience and Positive Emotional Granularity : Examining the

————∽∾∽————

LE POUVOIR DE LA GRATITUDE
Louez une comédie ou jouez avec des chiots dans une animalerie.

————∽∾∽————

Rappelez-vous que ces deux expériences ont permis de déterminer que les émotions positives favorisent une réflexion plus globale. Parce qu'ils ont déjà reconnu les bonnes choses qui se sont produites dans leur vie, les gens reconnaissants ont davantage de souvenirs positifs dans lesquels puiser. En ce qui concerne Anne Hjelle, cela a été un facteur déterminant dans son habileté à se relever après une expérience extrêmement traumatisante.

LA FACULTÉ DE GUÉRIR

Philip Watkins n'a jamais rencontré Anne Hjelle, mais il pourrait très bien dire qu'elle illustre parfaitement ce qu'il a découvert dans le cadre de ses recherches sur le pouvoir de la gratitude. M. Watkins, qui est professeur de psychologie à la Eastern Washington State University, a étudié le rôle que joue la gratitude dans l'habileté d'un individu à se remémorer les événements positifs de sa vie. Il a constaté que les gens reconnaissants ont tendance à se remémorer davantage d'événements positifs, et ce, plus aisément.

Benefits of Positive Emotions on Coping and Health », *Journal of Personality* 72, n° 6 (décembre 2004), pp. 1161-1190 ; Barbara L. Fredrickson, « The Value of Positive Emotions », *American Scientist* 91 (2003), pp. 330-335 ; et Barbara L. Fredrickson, « What Good Are Positive Emotions ? », *Review of General Psychology* 2, n° 3 (1998), pp. 300-319.

Le professeur Watkins souhaitait déterminer jusqu'à quel point des événements traumatisants appartenant au passé d'un individu pouvaient le hanter. Il qualifie ces épisodes de « souvenirs ouverts ».

Pour commencer, il a fait passer un test à tous ses sujets afin d'évaluer leur degré de gratitude de base. Ensuite, il leur a demandé de déterminer quels étaient leurs « souvenirs ouverts ». Il a demandé à un premier groupe de se rappeler pendant 20 minutes autant d'événements positifs que possible. Si à un moment ou à un autre un

> *« Un plaisir n'est complet que lorsqu'il s'inscrit dans la mémoire. »*
> – C. S. Lewis

souvenir ouvert leur traversait l'esprit, ils devaient cocher une case. Il a ensuite demandé aux participants d'un groupe témoin de coucher sur papier ce qu'ils feraient le lendemain et, s'ils avaient terminé avant la fin de l'exercice, de tout simplement décrire leurs chaussures.

Finalement, il a demandé aux sujets d'un troisième groupe de se pencher sur leurs souvenirs ouverts après leur avoir donné les directives suivantes : « Nous savons que ce sont des souvenirs douloureux et qu'ils font nécessairement naître des émotions négatives. Certaines personnes arrivent à penser aux conséquences positives qui ont résulté d'un événement négatif. J'aimerais donc que vous notiez les choses pour lesquelles vous pouvez maintenant éprouver de la gratitude. »

Cette expérience a permis à Philip Watkins d'arriver à deux conclusions évidentes. Les gens reconnaissants sont capables de se rappeler davantage d'événements positifs. Ils sont également en mesure de mieux reconnaître les avantages qu'ils ont retirés de traumatismes passés. De plus, certains résultats suggèrent que les gens qui éprouvent de la gratitude connaissent davantage d'événements positifs dans leur vie. M. Watkins dit aussi : « Les événements positifs qui se produisent dans votre vie vous rendent non seulement plus heureux et plus reconnaissants, mais les données recueillies suggèrent fortement qu'une personne reconnaissante attirera davantage d'événements positifs dans sa vie. On parle alors d'accomplissement personnel. Et les gens aiment côtoyer des individus heureux ou reconnaissants. »[22]

C'est le portrait tout craché d'Anne Hjelle. Il suffit de passer 10 minutes en sa compagnie pour comprendre qu'elle est une personne naturellement optimiste. Elle rit en racontant comment elle s'est spontanément enrôlée dans les marines à l'âge de 19 ans. « Je me suis dit que, tant qu'à m'enrôler, aussi bien le faire dans le service le plus exigeant afin de connaître un réel sentiment d'accomplissement. »

Étendue sur le sentier après l'attaque du puma, perdant son sang, Anne a pensé à son mari, James. Ils allaient fêter leur troisième anniversaire de mariage 5 jours plus tard. Ils n'avaient pas encore toute une vie de

---

22. Philip C. Watkins, Dean L. Grimm et Russell Kolts, « Counting Your Blessings : Positive Memories Among Grateful Persons », *Current Psychology* 23, n° 1 (printemps 2004), pp. 52-67 ; voir également Philip C. Watkins, J. Scheer, M. Ovnicek et Russell D. Kolts, « The Debt of Gratitude : Dissociating Gratitude and Indebtedness », *Cognition and Emotion* 20 (2006), pp. 217-241 ; Philip C. Watkins. Michael Van Gelder et Laden Maleki, *Counting (and Recalling) Blessings : Trait Gratitude Predicts Positive Memory Bias* (août 2006), présentation faite dans le cadre du congrès annuel de l'American Psychological Association, La Nouvelle-Orléans, LA ; et entrevue téléphonique accordée à l'auteure, 25 octobre 2006.

souvenirs. Anne dit : « Ma première pensée a été : *"J'ai le visage arraché. Je veux mourir."* Et puis, j'ai pensé à mon mari. Je ne pouvais tout simplement pas imaginer ma vie sans lui, et je savais qu'il serait anéanti s'il me perdait. Et très rapidement, ma première pensée s'est transformée en : *"Je dois m'en sortir."*

Lorsque James a été informé de l'accident, il s'est précipité à l'hôpital, ignorant si Anne était morte ou vivante. Lorsqu'il l'a vue étendue sur un chariot, il s'est évanoui, deux fois ! Après sa deuxième perte de conscience, on l'a installé sur une civière. Pendant qu'ils étaient étendus côte à côte, se tenant la main, Anne s'est demandé s'il s'était évanoui parce qu'il était soulagé de la savoir vivante ou parce que son visage lui faisait horreur.

Anne savait toutefois que de nombreuses personnes priaient pour elle. Active dans sa communauté religieuse de la Californie, elle savait que des membres de son groupe de prière intercédaient pour elle auprès de Dieu. Tous les bons moments qu'elle avait passés à faire de la randonnée sur son vélo de montagne lui sont revenus à l'esprit. Ses camarades cyclistes seraient là pour l'aider.

De fait, Anne m'a dit qu'elle avait appris plus tard qu'au moment même où le puma avait bondi sur elle, une amie avait inexplicablement été terrassée par le chagrin. Alors qu'elle roulait sur un autre sentier du même parc, ses sanglots l'avait obligée à mettre pied à terre et à se plonger dans la prière. Anne raconte que son amie a plus tard évalué et déduit qu'elle s'était mise à prier au moment même où elle s'était retrouvée prisonnière des crocs du puma.

La foi qu'Anne a en Dieu, la confiance tranquille que cela lui apporte et toutes les bonnes choses qu'elle a connues au cours de sa vie ont contribué, croit-elle, à son incroyable guérison. Quelques semaines après l'attaque, James et elle ont créé un site Web non seulement pour raconter sa guérison, mais aussi pour recueillir des fonds pour une fondation créée à la mémoire de Mark Reynolds. Cette fondation continue d'offrir des bicyclettes à des enfants qui n'en auraient pas autrement. Et quelques mois plus tard, Anne faisait une apparition à la télévision pour raconter comment elle avait survécu. Ensuite, elle est devenue conférencière.[23]

Le pouvoir de la gratitude a aidé Anne à grandir sur le plan émotionnel après le traumatisme qu'elle a subi. Le Dr Watkins dit que cela ne le surprend pas : « En nous concentrant sur les choses qui nous inspirent de la gratitude, même en pensant à un moment désagréable que nous ne comprenons pas, nous arrivons plus aisément à en saisir la teneur. En un mot, la gratitude nous aide à gérer le bagage émotionnel que charrient les événements négatifs qui se produisent dans notre vie. »[24]

Anne dit qu'elle en est la preuve incontestable. « Je crois qu'une personne reconnaissante attire le bien dans sa vie », raconte-t-elle. « J'ai vu comment mon état d'esprit a influé sur ma propre réalité. Les cicatrices sont toujours là, mais je n'ai aucune raison de me sentir triste ou en colère. Je suis vivante et je vais bien. »[25]

J'ai demandé à Philip Watkins s'il était possible que le pouvoir de la gratitude puisse devenir un outil qui aide les survivants d'une expérience traumatisante à s'en

---

23. Anne Hjelle, dans une entrevue privée accordée à l'auteure, 19 avril 2004.
24. Philip Watkins, dans une entrevue téléphonique accordée à l'auteure, 25 octobre 2006.
25. Anne Hjelle, dans un courriel envoyé à l'auteure, 5 février 2007.

sortir. Il croit que c'est possible. Il m'a expliqué que, lorsqu'il s'est penché sur l'impact des expériences difficiles dans le cadre de son étude, les gens qui connaissaient bien le pouvoir de la gratitude «étaient moins envahis par ce souvenir. Ce dernier avait davantage d'impact émotionnel positif chez les gens reconnaissants. Il ne venait pas constamment les hanter.»[26]

Le pouvoir de la gratitude a permis à de nombreuses personnes de tourner la page sur des moments plutôt difficiles de leur vie. Impressionnant, n'est-ce pas?

LE POUVOIR DE LA GRATITUDE

Prenez cinq minutes pour énumérer le plus grand nombre possible d'événements positifs qui ont marqué votre vie.

---

26. Philip Watkins, entrevue téléphonique, *ibid.*

Cinq

Dites merci à l'adversité, réjouissez-vous de vos problèmes

« Il n'est jamais problème qui n'ait un cadeau
pour toi entre ses mains… »

– RICHARD BACH

Emma Rothbrust ne considère pas le malheur qui s'est abattu sur sa vie comme une bénédiction, mais elle sait qu'elle a eu beaucoup de chance. Son histoire a rempli d'effroi les habitants de sa ville natale, près de Kansas City, et a hanté les téléspectateurs qui ont vu les reportages relatant l'accident.

C'était un vendredi soir d'automne, au début de la dernière année d'études secondaires d'Emma. Son amie Ashley Wanger et elle rentraient à la maison. Ashley conduisait. Soudain, une voiture de police engagée dans une folle poursuite est surgie de nulle part. Roulant entre 130 et 145 kilomètres à l'heure, les policiers ont grillé un feu rouge. La bande vidéo réalisée avec la caméra intégrée à l'autopatrouille a plus tard montré que le feu était rouge depuis au moins 15 secondes lorsque les policiers ont croisé l'intersection. Ashley avait droit de passage. Mais cela n'a rien changé. Les dernières images de la bande vidéo montrent Emma, les yeux grands ouverts et les mains instinctivement levées devant son visage horrifié.

Miséricordieusement, Emma n'en a aucun souvenir. Elle se rappelle seulement que sa mère l'avait conduite chez Ashley et puis qu'elle s'est réveillée sur une civière à l'unité des soins intensifs juste avant d'être transportée dans la salle d'opération. Des amis qui ont vu ce qui s'est passé entre-temps diront qu'il est heureux qu'elle ne se rappelle rien. Ils étaient persuadés que les corps des deux jeunes filles seraient tirés des décombres de la voiture uniquement pour être déposés dans des sacs mortuaires. Pour Emma, cela a presque été le cas.

Ashley s'en est miraculeusement tirée avec seulement quelques coupures et ecchymoses, mais pour Emma, cela a été une tout autre histoire. La jeune fille de 16 ans avait subi de multiples fractures : bassin, tibia, péroné et chevilles ; perforation de l'utérus et des trompes de Fallope ; et lésions aux ovaires, à la vessie et à un rein. Elle avait également des contusions au foie et au cœur, le diaphragme perforé et le poumon droit affaissé. Emma a été hospitalisée pendant plus d'un mois. Lorsqu'elle put reprendre ses études, elle devait encore se déplacer en fauteuil roulant. Pendant un certain temps, les médecins ont ignoré si Emma pourrait remarcher un jour. Et ils ne savent toujours pas si elle pourra avoir des enfants.

L'accident a changé la vie d'Emma et celle de sa famille, tout comme il a changé son corps. Cette ancienne meneuse de claques qui courait 5 kilomètres par jour passe maintenant toutes ses journées à lutter contre la douleur. Toutefois, ce qui est incroyable pour quelqu'un ayant subi de telles blessures aux hanches, elle peut marcher. Il n'est pas nécessaire de parler très longtemps avec Emma pour constater qu'elle est une jeune femme très déterminée.

« Personne ne m'a dit que je ne pourrais plus jamais marcher, mais c'est ce qui semblait préoccuper tout le monde. On n'a pas l'habitude de voir quelqu'un dont le bassin a été réduit en bouillie se remettre complètement, explique-t-elle. J'ai donc tout simplement décidé que je marcherais. »

Emma a bien sûr une démarche claudicante. Elle est incapable de courir ou de faire du jogging. Et elle ne peut rester debout très longtemps. Aujourd'hui étudiante de première année à l'université, elle se compte chanceuse d'être capable de demeurer assise assez longtemps pour assister à tous ses cours. Au début, elle en était carrément incapable. Son côté droit a été atrophié par l'impact de la collision, et malgré la reconstruction de son bassin, elle ne peut se tenir droite en position assise. Mais Emma a trouvé un moyen de remédier à cela : « Je mets mon téléphone portable dans la poche arrière droite de mon pantalon afin de me redresser. Personne ne s'en aperçoit ! »

Le ton détaché avec lequel elle parle de son accident et de sa longue convalescence pourrait laisser croire qu'elle est naturellement optimiste. Mais ne vous y laissez pas prendre.

«Il y a quelque chose d'étrange avec les gens "positifs", dit-elle. Ils ne le sont pas vraiment. Lorsque j'étais clouée au lit, je savais que j'aurais mal le lendemain. J'étais toujours excitée lorsqu'on me rendait visite. Mais je ne pouvais m'empêcher d'éprouver un peu de ressentiment dès que je me retrouvais seule. Voyez-vous, je ne pouvais pas, comme mes visiteurs, entrer et m'asseoir, me lever et partir.» Et puis, chassant ces sombres pensées, Emma poursuit d'un ton désinvolte : «Mais j'attribue cet état d'esprit aux nombreux analgésiques que l'on m'administrait. Ils altéraient mon humeur.»

> « Ne priez pas lorsqu'il pleut si vous ne priez pas lorsque le soleil brille. »
> – Leroy « Satchel » Paige

Il est évident que l'état d'esprit d'Emma a joué un rôle déterminant dans sa guérison. Elle dit toutefois que les gens qui lui ont rendu visite l'ont beaucoup aidée, même ceux qu'elle ne connaissait pas.

«Lorsqu'on est cloué au lit et terrassé par la douleur, il n'y a pas grand-chose que l'on puisse faire. Les gens me rendaient visite et cela m'aidait à tenir le coup. Même des inconnus entraient parfois dans ma chambre. Je ne les connaissais pas, mais ils étaient là. Dans la vie normale, cela aurait été bien anodin. Mais dans ma situation, ces visites étaient vraiment très importantes.»

Emma éprouve de la gratitude pour une constante qui a marqué ces sombres premiers jours : sa mère. Madame Rothbrust est demeurée nuit et jour au chevet de sa fille, la soignant, la consolant, la conseillant. Le père d'Emma devait travailler, mais il lui apportait son petit déjeuner tous les matins et prenait de ses nouvelles chaque jour. Emma a plus tard tenu à dire à tous ces gens à quel point elle était reconnaissante du temps qu'ils lui avaient consacré.

« Je leur ai dit : "Merci infiniment. J'ai beaucoup aimé que vous me rendiez visite. Je m'ennuyais tellement !" Et j'ai prié pour tous ceux qui avaient prié pour moi. Ce n'est que leur rendre justice, explique-t-elle. Ils ont cru en moi, ils m'ont donné de leur temps et de leur énergie. Ils méritent toute ma reconnaissance. »

La gratitude en retour de la gratitude. La prière en réponse à la prière.

J'ai demandé à Emma si elle voyait un côté positif à cette horrible tragédie. Elle a répondu sans hésitation : « Je suis vivante. Honnêtement, je devrais être morte, mais je ne le suis pas. Je suppose que c'est parce que j'ai quelque chose à accomplir. »

Mais ce « quelque chose », cette jeune fille qui s'est toujours efforcée d'être sage, d'obtenir de bonnes notes à l'école et de faire la fierté de ses parents, est incapable de le préciser. Avant l'accident, Emma était une bonne personne, mais elle croit qu'elle est encore meilleure aujourd'hui lorsqu'il s'agit d'aider les autres. « Je crois que lorsqu'on a beaucoup souffert, on peut plus aisément se mettre dans la peau des autres et comprendre ce qu'ils ressentent. Je crois que c'est ce que Dieu attend de nous, mais je n'en suis pas sûre. Je n'ai que 18 ans. »

Elle n'a que 18 ans, mais elle a déjà acquis une sagesse extraordinaire.

« Avant l'accident, j'étais bien sûr une bonne personne », dit Emma, qui tente de formuler une certaine certitude qui l'habite. « Maintenant, je suis capable de dire instantanément si une personne est contrariée ou a mal. Je sais qu'un sourire peut faire du bien, ne serait-ce qu'une minute. Vous avez cette minute : je me sens mieux. Quelqu'un m'a souri ! »

Aussi anodin que puisse être un sourire, Emma dit qu'il peut avoir une portée phénoménale. Elle affirme également que se tourner vers les autres lorsque l'on souffre peut donner des résultats extraordinaires. « Lorsqu'on est déprimé et que l'on se trouve en présence d'une personne qui est elle aussi déprimée, on tente de lui remonter le moral et, au bout du compte, cela nous fait du bien, explique-t-elle. On ne le fait pas intentionnellement. On ne devrait jamais aider quelqu'un en espérant quelque chose en retour. L'égoïsme ne paie pas. Seuls les gestes désintéressés nous rapportent quelque chose. »

Fait remarquable, Emma Rothbrust ne garde de l'accident aucune séquelle d'ordre psychique. Elle estime que c'est grâce à sa foi. Et elle n'éprouve aucune rancœur envers les policiers qui sont responsables de ses blessures.

« Je ne leur en veux pas, dit-elle. Ils n'avaient pas l'intention de blesser qui que ce soit. Ils ne faisaient que leur travail, bien que la façon dont ils l'ont fait puisse être discutable. »[1] Tellement discutable que le procureur général de l'État a engagé des poursuites contre les deux policiers impliqués dans l'accident pendant l'exercice de leurs fonctions, créant ainsi un précédent dans les annales judiciaires. L'un n'a pas contesté les accusations et l'autre a négocié une remise de peine. Ni l'un ni l'autre ne sera plus jamais policier. Les services de police de la région de Kansas City ont revu leurs politiques en matière de poursuite sur la route. La famille d'Emma a conclu une

---

1. Emma Rothbrust, dans une entrevue téléphonique accordée à l'auteure, 1er novembre 2006.

entente à l'amiable avec la ville où travaillaient les deux agents de la paix.

Entre-temps, Emma, diplômée en linguistique, dit avoir un message à livrer à tous ceux qui souffrent : « Ne vous apitoyez pas sur votre sort. Pensez au lendemain et dites-vous que, quoi qu'il arrive, tout ira bien. Vivez le moment présent et soyez reconnaissants pour les petites choses que la vie vous apporte. Soyez reconnaissants aussi envers les gens qui vous entourent, envers les sandwiches qui sont dans votre assiette. Les petits riens... il n'y a rien de mieux que les petits riens. Réjouissez-vous de chaque instant, et bientôt se lèvera le jour où tout ira mieux. »

LE POUVOIR DE LA GRATITUDE

Visualisez la vie dont vous rêvez.

Emma a fait preuve d'une résilience hors du commun pendant sa convalescence. Si elle avait passé un test de résilience avant l'accident, je suis persuadée que son pointage aurait été très élevé. Petite fille, Emma mettait déjà en application le pouvoir de la gratitude, bien qu'elle n'utilise pas ces termes pour le décrire. Pendant des années, elle a systématiquement écrit des lettres de gratitude à son père et à sa mère, des lettres qu'elle appelait des « petites notes d'amour ». Aujourd'hui, elle exprime sa gratitude en leur envoyant des courriels dans lesquels elle leur dit son amour et sa reconnaissance pour tout ce qu'ils ont fait pour elle, avant et après l'accident.[2]

---

2. *Ibid.*

Emma remercie également Dieu pour tout ce qui est arrivé. Elle écrit dans un courriel :

> « *Je ne peux rien changer à ce qui m'est arrivé et je ne veux rien y changer. Je remercie Dieu chaque jour de m'avoir donné la chance de vivre une expérience aussi enrichissante. Je suis de toute évidence destinée à réaliser quelque chose de précis et je suis reconnaissante envers Dieu qui a permis que je vive afin d'accomplir Sa volonté. Après tout, c'est LUI qui m'a soutenue tout au long de ma convalescence et qui est le moteur de la foi de toute ma famille. Il m'a donné la force (et pas seulement physiquement).* »[3]

La foi d'Emma et sa mise en pratique du pouvoir de la gratitude étaient déjà bien présentes avant son accident. Sa foi a joué un rôle de premier plan dans sa guérison. Les « mercis », qui n'appartenaient qu'à un gentil rituel lorsqu'elle était une petite fille, sont devenus une bouée de sauvetage lorsque cette jeune femme a dû relever des défis qui auraient désarçonné la majorité d'entre nous.

Nombreux sont les gens qui perdent tous leurs moyens en situation de crise. Mais pas les gens reconnaissants. Par exemple, ils gèrent plus rapidement le stress comme le démontrent des expériences comme celle que nous avons décrite au chapitre 4, lorsque des étudiants croyaient devoir prononcer un discours. Mais ils sont également plus forts à l'extérieur du labo.

---

3. Emma Rothbrust, dans un courriel envoyé à l'auteure, 31 janvier 2007.

LE POUVOIR DE LA RÉSILIENCE

Après les attaques terroristes du 11 septembre, les gens chez qui on avait déjà noté une aptitude à faire face au stress ont été deux fois moins enclins à souffrir de dépression que le reste de la population. Soixante-douze pour cent des Américains ont été déprimés après ces événements. Des chercheurs ont interviewé des gens qui avaient obtenu un pointage élevé lors de tests de résilience au début de l'année. Ils ont constaté non seulement que ces gens géraient mieux la tristesse que leur inspirait l'attentat, mais aussi qu'ils étaient nombreux à avoir éprouvé des émotions positives au cours des semaines qui avaient suivi.

Et, fait encore plus excitant, les chercheurs ont découvert que «les individus faisant preuve de peu de résilience s'en tiraient mieux... s'ils avaient des émotions positives pendant la période d'adaptation.»[4] En d'autres termes, même si le pouvoir de la gratitude ne fait pas partie intégrante de la vie d'un individu, le seul fait de prêter attention aux petites choses et de les compter lui permettra de mieux surmonter une crise.

C'est cette capacité à voir la vie sous un jour positif, même pendant les jours terrifiants qui ont succédé aux attaques terroristes, qui semble faire la différence. Au lieu de ne penser qu'à toutes ces vies perdues et au fait que l'Amérique était en état de siège, les gens qui faisaient preuve de résilience se sont plutôt concentrés sur le

---

4. Barbara L. Fredrickson et coll., «What Good Are Positive Emotions in Crises? A Prospective Study of Resilience and Emotions Following the Terrorist Attacks on the United States on September 11, 2001», *Journal of Personality and Social Psychology* 84, n° 2 (2003), pp. 365-376.

patriotisme renouvelé de la nation, l'immense générosité des citoyens et l'entraide dont chacun a largement fait preuve à cette époque.

C'est ce qui a permis à Ellen Niven de traverser ces moments difficiles. Elle est devenue veuve le 11 septembre, lorsque son mari John, un bel homme, a été compté parmi les victimes. Il était dans son bureau du World Trade Center lorsque les avions ont percuté les tours. Le fils d'Ellen n'était qu'un nourrisson, et les seuls souvenirs qu'il aura de son père lui viendront de vieilles photos et bandes vidéo.

Cela n'a pas été facile, mais Ellen s'en est sortie. Cela l'a aidée de savoir que des amis s'étaient faufilés sous les cordons de sécurité à proximité des immeubles endommagés afin de prendre des photos de John entre les mains des secouristes. Elle regardait son enfant et se sentait reconnaissante d'avoir un petit garçon. Elle savait que son mari continuerait à vivre à travers lui. Et elle éprouvait même de la gratitude lorsqu'elle était témoin du divorce de ses amis : seule comme elle l'était, au moins n'aurait-elle pas à gérer la douleur du rejet.

> « C'est un homme sage celui qui ne regrette pas ce qu'il n'a pas, mais se réjouit de ce qu'il possède. »
> – Épictète

Cinq ans après l'attentat, Ellen a refait sa vie. Remariée, elle a deux autres enfants. Alors qu'elle s'était autrefois sentie dépassée par les événements, ignorant comment elle allait s'en sortir seule, elle voit maintenant une bénédiction dans chaque petit tracas du quotidien : comment agencer l'ameublement de la salle de séjour et l'heure à laquelle son mari et elle pourront raisonnablement s'éclipser d'une réception afin de libérer la gardienne. *« Comme il est merveilleux d'avoir ce genre de problèmes »*, pense-t-elle.[5]

Les experts appellent cela un « comportement d'adaptation », et les gens qui mettent déjà en pratique le pouvoir de la gratitude lorsque l'adversité les frappe adoptent plus aisément ce type de comportement. Les liens personnels qui ont été régulièrement mis en valeur lors de ces expressions de gratitude leur procurent une force accrue pendant et après une situation de crise. Pour les gens qui savent éprouver de la gratitude, le stress post-traumatique qui accompagne des événements terrifiants est également moins important.[6]

Le pouvoir de la gratitude n'est pas uniquement psychologique. L'individu dont l'état d'esprit est positif a un système immunitaire plus fort, est moins susceptible de tomber malade en période de stress et peut, de fait, vivre jusqu'à 10 ans de plus, tout simplement parce qu'il a tendance à décrire les événements de la vie d'une façon plus positive.[7] Pour des gens reconnaissants comme Emma Rothbrust et Ellen Niven, tout ce qui est désagréable a tendance à s'estomper plus rapidement, selon les études menées par Philip Watkins.

---

5. Ellen Niven, dans une entrevue privée accordée à l'auteure, 2 décembre 2006.
6. Todd B. Kashdan, Gitendra Uswatte et Terri Julian, « Gratitude and Hedonic and Eudaimonic Well-Being in Vietnam War Veterans », *Behaviour Research and Therapy* 44 (2006), pp. 177-199.
7. Deborah Danner, David Snowden et Wallace Friesen, « Positive Emotions in Early Life and Longevity », *Journal of Personality and Social Psychology* 80 (2001), pp. 804-813.

―――∽∼∼∼∽―――

LE POUVOIR DE LA GRATITUDE
Trouvez un bon côté à tout désagrément.

―――∽∼∼∼∽―――

Les travaux de Philip Watkins ont également permis d'arriver à une autre conclusion intéressante. Les bonnes choses de la vie notées par les gens qui ont participé à ses études n'étaient généralement pas très excitantes. De fait, certaines d'entre elles étaient carrément ennuyeuses. Trois repas par jour, un air pur à respirer et un lit pour dormir sont des choses que la majorité de nous avons, mais auxquelles nous faisons rarement attention.[8] M. Watkins dit que le pouvoir de la gratitude permet de « savourer les bonnes choses de la vie, même si elles ne sont pas spectaculaires ».

Philip C. Watkins dit également que, bien que d'autres chercheurs et lui-même n'en aient pas encore la preuve, le pouvoir de la gratitude pourrait bien accroître l'habileté des gens à nouer des liens entre eux. Il dit que le sentiment contraire, l'ingratitude, a un effet rebutant. « Les gens ingrats ne sont vraiment pas appréciés par leurs pairs », affirme-t-il en se fondant sur les résultats de ses recherches. « Lorsqu'on examine les cotes de sympathie, la gratitude se situe dans les 10 premiers centiles. L'ingratitude s'inscrit dans les 3 derniers. Les gens n'aiment

---

8. Philip C. Watkins, Dean L. Grimm et Russell Kolts, « Counting Your Blessings: Positive Memories Among Grateful Persons », *Current Psychology* 23, n° 1 (2004), pp. 52-67

vraiment pas passer du temps avec des personnes ingrates et, par conséquent, ces dernières sont souvent seules. »[9]

———❧❧❧———

LE POUVOIR DE LA GRATITUDE

Cessez de vous plaindre.

———❧❧❧———

« Les corps paralysés ne viennent pas avec un guide d'utilisation. »

Chuck Adams a consacré la majeure partie de son existence à rédiger un guide d'instructions pour sa propre vie. Il travaille depuis sa naissance sur les « secondes chances », car sa première chance ne compte pas. Chuck a fait son entrée dans le monde avec une malformation de la colonne vertébrale à la suite d'un incident survenu dans la salle d'accouchement. Le médecin avait alors dit à sa mère qu'il ne vivrait probablement pas jusqu'à l'âge de 20 ans. Mme Adams lui avait tout simplement répondu : « Vous ne me connaissez pas. »

L'esprit combatif de Chuck est sans doute le plus bel héritage que ses parents lui ont légué. Il dit que c'est ce qui lui a permis d'aller aussi loin dans la vie. Maintenant âgé de 51 ans, Chuck a passé sa vie sur des roues (deux petites et deux grandes). Il dit que pour lui, son fauteuil roulant est l'équivalent d'une paire de lunettes pour une personne myope. Il est paralysé de la taille jusqu'aux orteils.

---

9. Philip C. Watkins, dans une entrevue téléphonique accordée à l'auteure, 26 octobre 2006.

Petit garçon, Chuck n'a pas raté une seule émission de *L'homme de fer*, cette série diffusée dans les années 1970 et 1980 et mettant en vedette Raymond Burr, un détective paraplégique que son handicap n'a jamais empêché d'arrêter les méchants. La mère de Chuck avait également l'habitude de lui rappeler que Franklin D. Roosevelt (ancien président des États-Unis) avait fait la guerre assis dans son fauteuil roulant.

Les parents de Chuck ont dû se battre pour qu'il puisse aller à l'école publique. Il dit qu'il a été le premier élève handicapé à fréquenter Mattituck, à Long Island, un établissement de la commission scolaire de New York. Il se rappelle avoir tenu le rôle d'un roi dans une pièce montée à l'école. «Mon fauteuil roulant faisait un trône splendide», dit-il.

Chuck Adams a d'autres souvenirs d'enfance qui l'ont incité et encouragé à faire quelque chose dans la vie. «Les longues tables d'examen ; les médecins, les infir-mières et les internes qui se pressaient autour de moi, examinant mon corps comme s'il s'agissait de l'observation d'un cas type dans un traité de médecine, raconte-t-il. À leurs yeux, je n'étais qu'un corps parmi tant d'autres.» Plus tard, on a conduit Chuck au Rusk Institute, un centre de réadaptation – seulement pour une visite – et il a été bouleversé par ce qu'il y a vu.

> « *Une personne reconnaissante a suffisamment confiance pour donner une autre chance à la vie, pour devenir réceptive aux surprises.* »
> – Frère David Steindl-Rast

«Je n'arrivais pas à croire que tous ces gens étaient aussi résignés devant l'échec. Ils n'avaient aucun dynamisme.

Aucune ambition. Ils acceptaient la médiocrité.» Cela n'a fait que renforcer la résolution de Chuck à faire quelque chose de plus.

Quelque chose de plus. Ces mots ont une résonance particulière pour Chuck. Ils forment le titre d'un livre et d'une pièce de théâtre qu'il a écrits et qu'il espère un jour faire découvrir à un vaste public. C'est son histoire, romancée. Mais je ne gâcherai pas votre plaisir en vous la racontant ici. Je dirai seulement que c'est l'histoire d'un homme qui refuse de se laisser abattre, bien que le Destin – et parfois certaines personnes – semblent conspirer contre lui. Mais ces conspirateurs ne gagnent jamais parce que Chuck a une conception toute spéciale de la vie.

Chuck dit que ses parents lui ont appris très tôt à compter les bonnes choses de la vie, à voir qu'il y a toujours quelque chose de pire. Il n'a eu aucune difficulté à le constater pendant toutes ces heures qu'il a passées dans des cliniques. Pendant 40 ans, l'esprit du pouvoir de la gratitude a aidé Chuck Adams à reconnaître les bonnes choses dans sa vie et à le motiver, à réaliser des choses que l'obstétricien de sa mère n'aurait jamais imaginées. Par exemple, il a été le capitaine de l'équipe de basket-ball en fauteuil roulant de son école. Sa vie professionnelle a été variée et enrichissante; il a entre autres été gérant d'un grand magasin de vente au détail et spécialiste du marketing dans une institution financière. Il a également été journaliste au journal de sa localité et animateur d'une émission de sports sur une chaîne de télévision câblée. Aujourd'hui, il est le fier (et parfois tourmenté) papa de deux filles. Bref, Chuck a passé les 40 dernières années à vivre. Il le fait avec une ferveur qu'alimente sans doute sa détermination à ne jamais ressembler à ces tristes âmes qu'il a aperçues dans un institut lorsqu'il était enfant.

« J'ai une soif insatiable, une passion sans bornes pour la vie. J'ai appris qu'il faut provoquer les choses. Trop souvent, les gens baissent les bras. Trop souvent, nous avons peur de saisir les occasions en or qui se présentent, d'aller jusqu'au bout de nos rêves. » Chuck poursuit : « Mais j'ai décidé que ma valeur personnelle ne dépend pas du fait que je regarde le monde debout ou assis. Lorsque je parle d'incapacité physique dans les écoles, je dis aux élèves que le succès vient le plus souvent, non pas de nos bras et de nos jambes, mais de notre cœur et de notre tête. »[10]

J'ai fait la connaissance de Chuck il y a environ sept ou huit ans, alors qu'il évoluait dans le domaine du commerce de vente au détail. Bien entendu, on remarquait tout de suite son handicap, mais ce qui le démarquait, c'était son intensité. À cette époque, il gérait un grand magasin à Long Island, et il le faisait de main de maître. Il était toujours prêt à relever un nouveau défi, quel qu'il soit.

Aussi incroyable que cela puisse paraître, Chuck dit qu'il n'a jamais espéré pouvoir marcher un jour. Il affirme plutôt : « J'éprouve de la reconnaissance pour ce que j'ai. J'ai la faculté de comprendre les choses. J'ai une réserve inépuisable de résilience, de force. J'ai appris à lâcher prise devant ce que je ne peux pas contrôler. »

Je crois que Mohammed Ali qualifierait Chuck Adams de gagnant. Chuck dit avec fierté : « Les graines que nous semons grandissent en même temps que nos enfants. » Ses filles ont maintenant terminé leurs études secondaires. L'une d'elles a fait don de 30 centimètres de

---

10. Chuck Adams, dans une entrevue téléphonique accordée à l'auteure, 8 octobre 2006.

ses cheveux à un organisme qui offre des perruques à des enfants atteints du cancer. L'autre est bénévole à la bibliothèque locale où elle fait la lecture aux enfants. Toutes deux ont passé des week-ends entiers à faire de l'artisanat et à offrir leurs œuvres à un orphelinat ou à une maison de santé. Selon Chuck, le fait d'avoir un père handicapé leur a donné une perception différente de la vie.

> « Seul un homme qui sait ce qu'est la défaite peut aller tout au fond de son âme et y trouver la force de gagner. »
> – Mohammed Ali

Chuck se propose maintenant d'aider les autres à voir différemment les gens qui souffrent d'un handicap physique, peut-être grâce à cette pièce qu'il a écrite. Avec le temps, Chuck a réalisé qu'être différent n'est ni mieux ni pire ; c'est, tout simplement, être différent. Si les gens reconnaissants font suffisamment confiance à la vie pour lui donner une seconde chance, on peut dire que Chuck a une réserve infinie de gratitude et de confiance. Il sait combien il aurait été facile de donner raison à ceux qui lui avaient prédit une vie brève et difficile. Il a raison d'être fier de leur avoir prouvé qu'ils avaient tort. Et chaque fois que lui ou son fauteuil roulant bute contre l'un des petits obstacles qui jalonnent la vie, Chuck pense à la longue liste de ses réalisations. Il y puise une énergie nouvelle, car il sait que, pour lui, il y a quelque chose de plus.[11]

---

11. *Ibid.*

———— ✿ ————

LE POUVOIR DE LA GRATITUDE

Pensez à une situation difficile que vous avez su renverser.

———— ✿ ————

Six

Cessez de vous regarder dans le miroir, regardez plutôt par la fenêtre

« Le bonheur est le sous-produit de l'effort que l'on fait
pour, rendre quelqu'un d'autre heureux. »

– GRETTA PALMER

Vous voulez vous sentir vraiment bien ? Faites quelque chose pour quelqu'un d'autre.

Le Schuster Performing Arts Center de Dayton, en Ohio, est impressionnant. Beaucoup de villes quatre fois plus grandes que Dayton n'ont pas une salle de concert à moitié aussi belle. C'est un édifice rutilant avec des plafonds voûtés, des salles de réception privées, des salles de répétition pour les musiciens et une salle de concert à l'acoustique impeccable qui fait en sorte qu'aucune place n'est mauvaise. Mais son véritable joyau se trouve dans les coulisses, elle s'appelle Kim.

J'ai fait la connaissance de Kim lorsque j'ai été invitée par la Junior League de Dayton à participer à une série de conférences d'une durée de deux jours. Je trouve toujours un peu terrifiante la perspective de parler en public devant de tels groupes. On me demande souvent de le faire, et même si j'ai prononcé d'innombrables discours au fil des ans (et que je m'adresse à environ 5 millions de téléspectateurs chaque jour), j'ai toujours le trac.

> *« Une personne ne commence à vivre que lorsqu'elle cesse de vivre uniquement pour elle-même. »* [1]
> – Albert Schweitzer

Est-ce que mon message sera pertinent ? Est-ce que je serai en mesure de donner à mes auditeurs des informations qui leur seront utiles après mon allocution ? S'en voudront-ils d'avoir perdu une matinée pour assister à une conférence de Deborah Norville ? Je caresse chaque fois l'espoir qu'ils seront heureux en rentrant à la maison, certains d'avoir appris quelque chose et de ne pas avoir perdu leur précieux temps.

Je me rappelle que tout s'est bien passé à Dayton. Les participants ont ri au bon moment, ont retenu leur souffle exactement lorsque j'espérais qu'ils seraient surpris, et se sont même levés pour m'applaudir à la fin. Un sourire illuminait leur visage, et j'ai donc supposé qu'ils avaient aimé mon discours (mais on ne sait jamais, ils en avaient peut-être tout simplement assez d'être assis !).

C'est ce dont je me souviens. Mais je garde aussi un souvenir très net de Kim Keough, la régisseuse. C'était la magicienne qui régnait derrière le rideau. Elle était là pour veiller à ce que je ne rate pas le signal pour monter sur scène. On voyait tout de suite que cette femme savait ce qu'elle faisait, que c'était une véritable professionnelle. Vous savez ce que c'est lorsqu'on rencontre quelqu'un et que la chimie opère immédiatement ? Kim est ce genre de personne. Avec elle, j'ai tout de suite senti le courant passer. Et parfois, les messages non verbaux de telles personnes sont plus efficaces que leurs paroles.

À mes yeux, Kim était une fille qui était devenue comme «l'un des gars». Elle était grande et belle, avait une épaisse chevelure blonde et des yeux bleus perçants qui refusaient de s'effacer derrière ses lunettes cerclées de métal. Lorsque je dis qu'elle était devenue l'un des gars, je sais que vous me comprenez. Elle travaillait derrière la scène, maintenait l'ordre dans les coulisses et dirigeait l'installation des décors et des fauteuils d'orchestre depuis si longtemps qu'elle avait graduellement cessé de prendre soin de la femme séduisante qui se cachait sous le tee-shirt et le jean.

Elle avait adopté cet uniforme par nécessité. Aucune femme sensée n'aurait risqué de déchirer un magnifique chemisier en déplaçant d'immenses châssis de décor sur la scène. Mais j'ai également senti que le tee-shirt et les chaussures de tennis étaient devenus un refuge pour Kim, et pour une raison que je n'ai pas encore réussi à saisir, j'ai senti que ce refuge était désormais une prison. Elle était à ce point devenue un garçon que sa féminité s'était étiolée.

Deb Gratitude – qui risquait fort de devenir Deb Grabuge – a décidé d'intervenir. L'occasion s'est présentée grâce aux chaussures.

Ces dames de la Junior League étaient tirées à quatre épingles : maquillage soigné et superbe coiffure, jolis ensembles printaniers et chaussures très élégantes. Ces chaussures étaient d'un chic incroyable ! Les membres de la Junior League qui devaient prononcer quelques mots étaient alignées sur la scène, et on ne pouvait s'empêcher de remarquer leurs chaussures : hauts talons, cuir lustré, très sexy. Elles riaient en disant qu'elles avaient mal aux pieds, mais nous sommes toutes d'accord : il faut parfois souffrir pour être belles. Chacune d'entre nous aurait mal, bien sûr, mais nous nous sentirions absolument irrésistibles avec des chaussures aussi branchées.

J'ai pensé que Kim – avec sa taille et les jambes fabuleusement longues que dissimulaient ses Levi's – aurait fière allure avec de pareilles chaussures. Disposant d'un peu de temps libre pendant que ces dames de la Junior League occupaient la scène, j'ai décidé de l'aborder. « Vous vous laissez écraser par les gars de votre équipe. Ce n'est pas parce que ce sont des gars que "vous" devez en être un. Assumez votre féminité, lui ai-je recommandé. Vous êtes une femme magnifique, mais vous le cachez ! »

J'ai fait un signe de tête en direction de ses baskets. « Prenons ces chaussures, par exemple, ai-je poursuivi. Je sais que vous devez porter des chaussures de tennis lorsque vous déplacez des décors. Mais aujourd'hui est une journée plutôt calme de ce côté-là. Tout ce que vous avez à faire, c'est de me pousser sur scène au bon moment. »

J'ai retiré mes chaussures et les ai placées vis-à-vis le bas de son pantalon. « Vous voyez comme ces escarpins s'agencent bien à votre jean ? Et ce tee-shirt blanc est parfait. Enfilez un blouson et vous deviendrez Mademoiselle Super Chic. » Et avant que Kim puisse avancer l'argument "les chaussures coûtent cher", j'ai continué à parler.

« Et puis, il n'est pas nécessaire de dépenser une fortune pour avoir de belles chaussures. Vous pouvez faire un arrêt chez Payless en rentrant chez vous ce soir. Ou feuilleter quelques catalogues. J'ai payé 30 dollars une magnifique paire d'escarpins en suède noir ! Votre mari ne s'apercevra jamais de cette dépense. » J'ai fait une pause pour ménager mon effet. « Ce qu'il remarquera, c'est la jolie femme à la démarche élégante qui rentre à la maison à la fin de la journée. »

Deb Grabuge était en train de se transformer en Deb Pasteure. « Kim, il est évident que tous les gars vous aiment ici. Mais vous vous fondez dans le décor, et je sais que vous êtes tout simplement une personne trop spéciale pour vous en contenter. Vous n'êtes pas l'un des gars ! Vous êtes une femme, et ces mecs ont besoin de se faire rafraîchir la mémoire. » J'ai un peu baissé la voix. « Et peut-être que vous aussi avez besoin de vous faire rafraîchir la mémoire. »

Ce que je n'ai pas dit à Kim, mais que je vous dirai à vous, c'est que lorsque je me sens très déprimée, il y a trois choses qui me remontent instantanément le moral. La première, c'est manger des croustilles ou de la pâte à biscuits. (Je mentionne parfois cette thérapie de la pâte à biscuits dans mes allocutions, et il y a toujours un nombre étonnant de gens qui savent exactement de quoi je parle. Ces rondelles de pâte crue procurent un soulagement immédiat, même si on se déteste plus tard d'y avoir cédé.)

La deuxième, c'est faire des emplettes dans un club-entrepôt. Il y a quelque chose dans le fait d'acheter 48 rouleaux de papier hygiénique dans un seul emballage qui me procure un énorme plaisir. Aucune importance si une personne qui vit seule mettait de façon conservatrice plus de 3 ans à tout utiliser. (Cela donne près de 50 000 feuilles de papier si on fait le calcul. Mais le problème avec la thérapie Costco lorsque vous vivez dans un appartement à New York, c'est que vous n'avez pas l'espace nécessaire pour ranger tous vos achats.)

Et la troisième est celle à laquelle je pensais en parlant à Kim : faire quelque chose pour soi. En ce qui me concerne, c'est me maquiller. Lorsque j'ai vraiment le cafard, le seul fait de me laver le visage et de recommencer mon maquillage équivaut à un lifting émotionnel. Peut-être que je me sens alors plus belle ; peut-être que la concentration qu'exige l'exercice a un effet calmant ; quoi qu'il en soit, cela fonctionne pour moi. Et je crois que nous tous, hommes et femmes, avons davantage de confiance si nous croyons projeter une image agréable dans le monde qui nous entoure.

J'ai regardé Kim. Elle était «vraiment» jolie, mais il était facile de ne pas remarquer sa beauté. En fait, je me suis dit que c'était sans doute ce que la plupart des gens faisaient.

«Promettez-moi que, avant la fin de la semaine, vous essaierez le truc des chaussures. Vous pouvez laisser vos baskets ici et les porter au besoin, mais donnez leur chance à de jolis escarpins.

– On verra bien…», a-t-elle répondu d'un ton évasif. Mais elle souriait ! Et puis Kim a été miraculeusement sauvée par le signal lui indiquant de m'envoyer sur la scène, ce qui a mis fin à mon intervention.

Le lendemain, j'étais de retour au centre de congrès. Les dames de la Junior League étaient toujours aussi élégantes. Elles portaient encore leurs plus belles chaussures. Sauf que cette fois, il y avait une paire de chaussures sensationnelles de plus dans les coulisses : celles de Kim. En rentrant à la maison la veille, elle s'était arrêtée chez Nordstrom et y avait trouvé des escarpins super sexy en solde. Je ne me rappelle plus combien elle les a payés, mais peu importe le prix, c'était bien plus qu'un simple achat. C'était un investissement en elle-même.

LE POUVOIR DE LA GRATITUDE

Faites quelque chose pour quelqu'un d'autre, sans attendre ni accepter de remerciement !

Vous ne pouvez imaginer à quel point je me suis sentie bien lorsque j'ai vu Kim et ses chaussures flambant neuves. Mais je me suis sentie encore mieux lorsque j'ai lu le courriel le plus récent de Sal Morales.

Je n'ai jamais vu Sal, mais je le connais mieux que certaines des personnes que je vois chaque jour. Sal et moi avons fait connaissance sur Internet. (Non, pas comme ça !) Il m'avait tout simplement écrit après être tombé par hasard sur mon site Web alors qu'il surfait sur la Toile un soir.

Sal était sans travail et extrêmement déprimé. Il avait perdu son emploi à Los Angeles, n'arrivait pas à trouver autre chose, et ses économies ayant fondu comme neige au soleil, il avait dû retourner vivre chez ses parents à Miami. Il avait travaillé dans le domaine de la télévision pendant de nombreuses années, passant de marchés de taille moyenne comme celui d'Atlanta à des marchés plus importants comme celui de San Francisco, pour finalement s'établir à Los Angeles. Il a connu l'un des plus beaux jours de sa vie peu de temps après le 11 septembre, lorsqu'il est entré au service de l'équipe des nouvelles du *Buenos Dias Los Angeles*, l'émission d'actualités du matin sur la chaîne Telemundo.

Sal est devenu le Al Roker de l'émission, ce chroniqueur météo qui était également acteur. C'était l'emploi dont Sal rêvait depuis toujours et pour lequel il avait travaillé dur pendant des années. De plus, ce poste était assorti de quelques avantages plutôt agréables : Telemundo étant la propriété de NBC, Sal avait donc son propre espace de stationnement sur le terrain de NBC – exactement là où Jay Leno et Deirdre Hall garaient leurs voitures.

Toutefois, le monde de la télévision étant ce qu'il est, l'enchantement n'a pas duré. La direction avait d'autres projets et a changé le format de l'émission. Sal a bientôt appris qu'il était remercié.

« On m'a annoncé que ma carrière était terminée chez Telemundo. On m'a dit de disparaître et de ne pas revenir, et cela, après presque 10 ans ! » Dire que le monde de Sal a basculé ne saurait rendre justice à ce qu'il a vécu. Il trouve encore douloureux d'en parler. « J'étais désespéré, me raconte-t-il. J'ai sombré dans une profonde dépression et j'ai dû être transporté d'urgence à l'hôpital. Pendant deux jours, je suis resté dans un état catatonique. J'étais sonné. Les gens me parlaient et je ne les reconnaissais même pas. »[1]

---

1. Sal Morales, dans une entrevue téléphonique accordée à l'auteure, 6 novembre 2006.

C'était difficile d'entendre un homme parler ainsi de sa grande vulnérabilité. Je l'imaginais, les yeux dans le vague, assis dans une sobre pièce blanche, quelque part entre *Vol au-dessus d'un nid de coucou* et *D^{re} Grey, leçons d'anatomie.* J'ai pensé: «*Il faut vraiment être mal en point pour être hospitalisé à cause d'une dépression!*» Cela avait dû être tout simplement horrible.

Heureusement, Sal vient d'une famille tissée serrée. Beau temps mauvais temps, ils sont là les uns pour les autres. Sal avait vécu loin de chez lui pendant de nombreuses années, mais sa sœur et sa mère se sont envolées vers la Californie pour lui dire qu'il était temps de remédier à cela. «Tu rentres à la maison», lui a dit sa sœur. Elle a appelé les déménageurs et s'est occupée de tout.

«Elle m'a dit: "Tu es mon frère. Je vais t'aider"», se rappelle Sal. Elle a ajouté: "Tu penses que Telemundo était toute ta vie, que tu étais devenu une vedette, et que maintenant tu as tout perdu." Sal poursuit: Elle a également dit une chose on ne peut plus vraie: elle m'a dit que je ne combattais personne, que je me battais contre moi-même.»

Avec l'aide de sa sœur, Sal a emballé ses affaires, son chat, Clovis, et une tonne d'émotions confuses, et il est allé s'installer chez papa et maman. Pour un homme dont ce serait bientôt le 40e anniversaire, c'était affreusement embarrassant. Et il était encore obsédé par la télévision. Soir après soir, il passait des heures devant son ordinateur à lire tout ce qu'il pouvait trouver sur les médias et les vedettes du petit écran.

Un soir, il est tombé par hasard sur une entrée de Wikipédia où il était question des problèmes que j'avais eus il y a longtemps dans le monde télévisuel, et il avait cliqué sur le lien menant à mon site Web.[2] C'est sur ma page personnelle qu'il a lu ce topo :

> *Le temps est pluvieux aujourd'hui à New York…*
> *La ville est noyée sous cette pluie fine qui semble flotter plus qu'elle ne tombe. Je me rendais au bureau après un rendez-vous, et j'ai dû m'immobiliser avant de faire un virage parce qu'un homme traversait. Il était tétraplégique, manœuvrant son fauteuil roulant avec chaque expiration. Indifférent à la bruine — et incapable d'y changer quoi que ce soit de toute manière —, il a négocié son virage.*
>
> *J'ai été simultanément frappée par la grâce de ses mouvements malgré une vie assurément difficile… et remplie de gratitude pour ne pas avoir à porter sa croix. J'ai dit un rapide merci à Dieu.*
>
> *J'exprime ainsi ma gratitude plusieurs fois par jour et je crois que ma vie est plus riche à cause de cela.*
>
> *Quel rôle la gratitude joue-t-elle dans votre vie ? J'adorerais que vous m'en parliez !*
>
> *— Deborah[3]*

C'est ce petit moment dans le temps que j'ai immortalisé sur mon site Web qui a poussé Sal à m'écrire. Je me rappelle deux choses à propos de son premier courriel : à quel point il semblait découragé, et le poids que j'ai senti sur mes épaules parce qu'il s'était adressé à moi. Comment donc pouvais-je aider cet homme qui se tournait

---

2. *Ibid.*
3. www.dnorville.com/chat/gratitude.php.

vers une parfaite étrangère pour obtenir une bouée de sauvetage?

Sal avait décrit brièvement que, malgré son expérience de chroniqueur météo à la télévision de Los Angeles, il n'arrivait pas à trouver de travail dans son domaine à Miami. Il m'a également écrit qu'il s'apprêtait à accepter un poste de professeur d'espagnol chez Berlitz uniquement pour avoir quelque chose à faire. Plus tard, il m'a également dit qu'il avait posé sa candidature chez Starbucks parce qu'il avait entendu dire que cette entreprise offrait une assurance maladie à ses employés.

Sal m'a parlé de la déception qu'il ressentait, se trouvant à l'aube de la quarantaine, sans emploi et sans chez-soi. J'ignorais tout des problèmes de santé mentale qu'il avait eus par le passé, mais j'étais tout de même en mesure de dire que cet homme était au bord du gouffre. Sal n'était pas l'un de ces cinglés qui m'écrivent – et croyez-moi, il y en a beaucoup –, mais un homme qui ne savait vraiment plus vers qui se tourner.[4]

Cela m'a ramenée vers une sombre période de ma propre carrière en télévision. Je savais dans quel état se mettait Sal en se tourmentant à l'idée que l'emploi de ses rêves s'était transformé en poussière. Mais contrairement à Sal, je savais que ses tourments prendraient fin. Il irait de l'avant et considérerait même éventuellement ses nouvelles activités comme vraiment formidables. Mais je me suis abstenue de le lui dire. Je lui ai plutôt indiqué ce qu'il devait faire.

J'ai répondu à son courriel et je lui ai rappelé qu'il vivait dans une région qui représentait le plus important marché hispanique du pays. J'ai précisé que si les gens de

---

4. Sal Morales, entrevue téléphonique, *ibid.*

la télévision de Miami ne reconnaissaient pas son talent, il y avait de fortes chances que les gens de la radio le fassent. Je lui ai dit que les gens qui évoluent dans le monde radiophonique sont souvent un peu envieux de leurs confrères du monde de la télévision, et qu'ils nourrissent parfois à leur égard une admiration mêlée de crainte. Je lui ai dit : « Jouez cette carte de la télé pour ce qu'elle vaut, communiquez avec toutes les stations de radio hispaniques de la ville et organisez-vous pour passer des entrevues. »

Avant même que Sal me demande pour quel genre de poste il pourrait solliciter une entrevue, je lui ai proposé un scénario. Après avoir vécu loin de chez lui pendant de nombreuses années, il avait décidé de revenir à Miami pour des raisons familiales. C'était la vérité, même s'il était revenu à la demande de sa famille qui souhaitait prendre soin de lui. Mais il n'était pas nécessaire que les gens de la radio le sachent, n'est-ce pas ? Je conseillai à Sal de dire que, maintenant que tout était réglé côté famille (vrai encore une fois, car il allait beaucoup mieux), il était prêt à retourner sur le marché du travail.

Eh bien, je crois que Sal a communiqué avec toutes les stations de radio hispaniques de la ville. Mais aucune n'avait un poste à lui offrir. Et ce n'était pas parce qu'il était trop qualifié ou trop exigeant financièrement parlant (je suis certaine que Sal était très ouvert à cet égard) ; il n'y avait tout simplement pas de poste vacant.

Alors que Sal en était une fois de plus à éplucher les petites annonces, il a entendu parler d'une station de télévision qui n'était pas en ondes – pas encore. WSBS-TV22 avait été acquise par Spanish Broadcasting Systems, une entreprise qui était propriétaire d'une chaîne radio-phonique nationale. Mega-TV n'avait pas de service de

nouvelles ou de météo, et elle n'avait pas non plus beaucoup d'argent pour les salaires. Elle avait par contre une
directrice qui avait autrefois été la patronne de Sal lorsqu'il
était stagiaire. Elle a dit à Sal : « Vous êtes un spécialiste des
bulletins de nouvelles. Mais nous ne diffusons pas de
bulletins de nouvelles. Ce dont nous avons besoin, c'est de
quelqu'un qui monte le service de relations publiques. »

Après toutes ces semaines passées à se vendre lui-
même à des stations de radio, Sal savait qu'il saurait
vendre une chaîne de télé aux téléspectateurs.

Sal m'a envoyé un courriel débordant d'enthousiasme dans lequel il m'annonçait avoir trouvé un emploi.
Je me suis alors demandé comment il s'y prendrait pour
lancer la station. Je lui ai aussitôt répondu : « Rendez-vous
dans toutes ces stations de radio que vous connaissez. Les
gens de la radio sont toujours à l'affût de nouveaux
moyens de promouvoir leur produit, et votre nouvelle
chaîne de télé représente une occasion en or pour eux. »

Sal a convenu que toutes ses recherches d'emploi
seraient maintenant un atout majeur pour Mega-TV. Il a
répété avec moi un argumentaire de relations publiques
où il était question de plats à emporter et de biscuits
chinois, ce à quoi l'on ne s'attendrait pas de la part d'une
chaîne de télévision hispanique, mais c'était « certainement » quelque chose qui se démarquerait dans le
déluge de matériel publicitaire dont sont inondées les
stations.

Aujourd'hui, Sal a bien plus qu'un travail à la
télévision. Il m'a dit : « J'ai retrouvé ma dignité. Je suis
devenu quelqu'un que jamais je n'aurais pu croire devenir.
Je ne suis pas un bon à rien. Je sais rédiger des commu-
niqués de presse. Je suis capable de convaincre les gens
qu'ils ont avantage à travailler avec ma station. »

Et maintenant, Sal supervise des stagiaires et il a entrepris de guider de jeunes hispanophones qui espèrent percer dans le domaine de la télévision. Il dit le faire parce qu'il adore son travail. « C'est la première fois de ma vie que je n'ai pas mal à l'estomac lorsque j'arrive au bureau. » Sal parle maintenant si vite que j'ai de la difficulté à le comprendre. « Je ne marche pas lorsque je pénètre dans cet immeuble, je gambade. »[5]

> « Ceux qui apportent le soleil dans la vie des autres ne peuvent pas s'en priver eux-mêmes. »
>
> – James M. Barrie

Mais dire que Sal gambadait le jour où la tempête tropicale Ernesto a frappé Miami serait un euphémisme. N'ayant pas de service de l'information, Mega-TV ne disposait pas non plus du personnel et des installations nécessaires pour informer les téléspectateurs de la progression d'Ernesto. Sal dit qu'il a communiqué avec ses confrères de la station locale de CBS et qu'ils ont conclu une entente selon laquelle il offrirait les prévisions météorologiques en espagnol sur les ondes de Mega-TV en se fondant sur les informations fournies par le Canal 4. Et chaque chaîne ferait la promotion de l'autre.

Au lendemain de la tempête, Sal m'a envoyé un autre courriel débordant d'enthousiasme. « J'ai fait un retour à la télévision !, s'exclame-t-il. Cela a duré le temps d'une tempête, mais j'étais là ! » Sal conclut en disant qu'il allait entreprendre un programme de conditionnement physique afin de perdre les quelques kilos qu'il avait pris pendant qu'il était sans emploi.[6] En fermant le

---

5. *Ibid.*
6. Sal Morales, dans un courriel envoyé à l'auteure, 2 septembre 2006.

fichier, je me suis dit : « *Cet homme a un bel avenir devant lui !* »

Toutefois, ce que je n'avais pas prévu, c'est sa mise en nomination aux Emmy. Voici comment il m'a annoncé cette bonne nouvelle :

Chère Deborah,

Devinez quoi ???? J'ai été mis en nomination pour un prix Emmy dans la catégorie « meilleur chroniqueur météo du sud de la Floride » ! Nous avons réalisé une émission spéciale ici à Mega-TV portant sur la façon de bien se préparer à la saison des ouragans à Miami. Nous l'avons fait sans ressources, sans même recourir à la chromie. J'ai fait le commentaire debout en extérieur, avec Biscayne Bay en arrière-plan et une vue plongeante sur le centre-ville. Nous avons livré l'information en termes très simples de manière à ce que même les novices comprennent bien à quel point un ouragan peut être dangereux.

Les mises en nomination ont été annoncées la semaine dernière, et j'en fais partie. Cela m'était déjà arrivé deux fois – à Los Angeles dans la catégorie « revue de consommation », mais je n'ai jamais remporté de prix. Et même si je ne gagne pas cette fois-ci, je suis tellement heureux ! Dieu a vraiment des voies très, très mystérieuses. Bonne soirée.

Adios,

Sal[7]

---

7. Sal Morales, courriel, 30 octobre 2006.

Oui, Dieu a «effectivement» des voies mystérieuses.

Quelques mois après les débuts de Sal à Mega-TV, j'ai lu un article à propos du positionnement de la station dans une revue spécialisée, et je le lui ai envoyé. Et ensuite, lors d'un entretien téléphonique, je lui ai dit qu'en lisant cet article, je m'étais sentie aussi fière que devant n'importe quel communiqué de presse publié à mon sujet. Voici ce qu'il m'a répondu :

«Je n'arrive pas à y croire. Je suis honoré. Il faut que je vous le dise : j'ai trouvé un ange. J'ai décidé de vous écrire et, l'instant d'après, j'étais en train de lire un courriel de Deborah Norville. Ma sœur a dit : "C'est une blague!"» Et depuis ce jour, je crois de nouveau en moi et en Dieu.

«Ce topo où vous parlez de l'homme assis dans son fauteuil roulant m'a fait comprendre qu'il me fallait chercher d'autres avenues, qu'il fallait que je trouve un petit rayon d'espoir. Et l'espoir, ou *esperanza* comme on dit en espagnol, est quelque chose à quoi il faut s'accrocher.»[8]

Je suis incapable d'expliquer pourquoi tout cela s'est produit. Mais je sais que l'histoire est vraie. Et je sais

> «*La vérité c'est qu'il est probable que nous vivions nos plus beaux moments lorsque nous nous sentons profondément mal à l'aise, malheureux ou inachevés. Car c'est alors que, propulsés par cet inconfort, nous sortons plus aisément des ornières de notre vie et commençons à chercher des moyens différents ou des réponses vraies.*»
> – *Scott Peck*

---

8. Sal Morales, entrevue téléphonique, ibid.

que chaque fois que je pense à Sal Morales et au voyage merveilleux qu'il fait maintenant, je sens que mon parcours personnel devient lui aussi plus facile.

La citation de Scott Peck semble avoir été écrite tout spécialement pour Sal Morales. Sal avait connu des moments exaltants au cours de sa vie. C'est quelque chose que d'être chroniqueur météo à Los Angeles. Mais je crois que les événements que je viens de vous relater ont été pour lui encore plus excitants. Sal a su aller au-delà de son inconfort et de son désespoir, à la recherche de la vérité. Et je crois qu'il l'a trouvée.

Il y a de fortes chances que vous vous sentiez très bien en ce moment. L'histoire de Sal est un témoignage d'espoir pour nous tous. Il y a une bonne fin à tout. Des paroles d'espoir peuvent être trouvées dans les lieux les plus improbables. Être là pour quelqu'un peut changer bien des choses.

Le seul fait d'entendre parler d'une bonne action nous fait du bien. Sal affirme sans ambages qu'il apprécie les avantages découlant des encouragements que je lui ai prodigués. Et ce n'est pas sorcier de comprendre à quel point je me sens transportée de joie et reconnaissante lorsque j'entends Sal me parler de son avenir.

Mais vous, cher lecteur, chère lectrice, en tirez également des avantages. Le Dr Jonathan Haidt, professeur agrégé à l'université de la Virginie, dit qu'une bonne action aide tout le monde. Il parle d'élévation, d'une vague d'émotions positives qui déferle sur quiconque est témoin d'une bonne action ou en entend parler, et qui déclenche un désir d'agir en fonction de celles-ci. Dr Haidt attribue à Thomas Jefferson, le fondateur de son université, le mérite d'avoir été le premier à attirer l'attention sur ce phénomène :

« Lorsqu'un acte de charité ou de gratitude est accompli
sous nos yeux ou dans notre imagination, nous sommes
profondément émus par sa beauté et sentons un fort
désir d'agir de façon similaire. »
– Thomas Jefferson, dans une lettre de 1771

Pendant sept ans, le Dr Haidt a étudié l'élévation, utilisant des bandes vidéo mettant en vedette des héros et illustrant l'altruisme afin de faire naître des sentiments agréables chez ses sujets. Ces moments remplis d'émotion se sont révélés vraiment réconfortants. Les participants ont dit avoir ressenti une chaleur agréable dans la poitrine. Ils ont ajouté que cela leur avait donné envie d'aider les autres ou de devenir de meilleures personnes. Le seul fait de leur demander de regarder ces bandes vidéo et de formuler ensuite des commentaires a eu un effet positif : tous les sujets ont qualifié leur humeur de « meilleure » après avoir vu ces extraits.

Cette manifestation de chaleur dans la poitrine a intrigué Dr Haidt et certains de ses étudiants. Les émotions ressenties étaient-elles connectées au nerf vague (nerf pneumogastrique), ce nerf important qui calme les gens et élimine les effets des hormones responsables de la réaction de combat-fuite ? Le même nerf stimule la production d'ocytocine, cette hormone qui déclenche le processus de la lactation chez la femme qui allaite. Les chercheurs ont donc formé deux groupes de mères qui allaitent. Ils ont projeté au premier des extraits de l'émission d'Oprah Winfrey afin de provoquer l'élévation. Le groupe témoin a pour sa part visionné un monologue de Jerry Seinfeld.

Jonathan Haidt a dit que les réactions de ses sujets ont été parmi les plus intenses qu'il n'ait jamais vues lors d'une étude. La moitié des mères du groupe élévation avec Oprah ont noté une montée de lait ou ont nourri leurs bébés. Seulement 11 pour cent l'ont fait dans le groupe qui avait visionné le monologue comique.[9] Voilà des résultats probants. Dr Haidt croit que le même nerf qui aide l'organisme à contrer les effets néfastes du stress entre en action lorsqu'une personne se sent transportée par les bonnes actions d'autrui.

Jonathan Haidt croit également que «l'élévation augmente la probabilité que le témoin d'une bonne action fasse bientôt lui-même des gestes positifs», créant ainsi une sorte d'effet d'entraînement.[10] J'ose espérer que le fait d'avoir pris connaissance de mes expériences avec Sal et Kim vous incitera à vous tourner vers les autres. Appelez cela le pouvoir de la gratitude inversé : faites quelque chose pour quelqu'un sans rien attendre en retour.

LE POUVOIR DE LA GRATITUDE

De quelles bonnes actions avez-vous été témoin ?

Nous aimons tous que l'on nous apprécie. Le pouvoir de la gratitude peut agir comme un aimant. Mais

---

9. J. Silvers et J. Haidt (en cours de visionnement), « Moral Elevation Can Induce Lactation », (manuscrit non publié, université de la Virginie).

10. Jonathan Haidt, dans une entrevue téléphonique accordée à l'auteure, 12 octobre 2006 ; voir également Jonathan Haidt, *The Happiness Hypothesis : Finding Modern Truth in Ancient Wisdom* (Basic Books, 2006).

vous serez étonné de constater jusqu'à quel point les gens qui se sentent appréciés peuvent se dépasser pour autrui.

Des recherches ont démontré que les gens qui se sentent redevables à quelqu'un peuvent de leur plein gré accepter de souffrir à la place de la personne dont ils sont les obligés. Dans le cadre d'une étude, de légères décharges électriques ont été administrées chaque fois qu'une réponse erronée était donnée. (Encore une fois, la majorité des sujets étaient des étudiants de l'université où l'étude était menée. En ce qui me concerne, il n'y aurait jamais suffisamment de crédits au monde pour que j'accepte de m'asseoir et de me faire électrocuter !)

Non seulement les sujets ont-ils reçu des décharges, mais ils ont été manipulés afin de ressentir de la gratitude envers les sujets du groupe témoin, tellement de gratitude qu'ils ont accepté de recevoir les décharges à leur place ! Les participants qui se voyaient remerciés d'avoir aidé un de leurs pairs en acceptant de recevoir des décharges électriques à sa place étaient même soumis à des fréquences plus élevées que ceux qui n'avaient pas été remerciés initialement.

Tel est le pouvoir de la gratitude ! L'étude a été menée de manière à ce que la personne branchée soit remerciée d'une manière qui évoque un sentiment d'attache avec les sujets répondant aux questions. Ces liens ont été à ce point renforcés que le sujet était prêt – ou même demandait – à recevoir la décharge destinée à son camarade qui avait mal répondu.[11] C'est ce qu'on appelle l'esprit

---

11. L.P. McGovern, J.L. Ditzian et S.P. Taylor, « The Effect of Positive Reinforcement on Helping with Cost », *Psychonomic Society Bulletin* 5 (1975), pp. 421-423.

d'équipe! Et tout cela parce que, au départ, le sujet se sentait apprécié.

L'EFFET BOOMERANG

De temps en temps, on voit bien que « l'on récolte ce que l'on sème ». Le pouvoir de la gratitude, lorsqu'il est exprimé, a presque toujours un effet boomerang.

Il y a quelques années, des chercheurs ont voulu découvrir quel impact avait réellement le mot « merci » et ont procédé à une étude dans un centre d'hébergement pour adolescents en difficulté. On imagine facilement à quel point doivent être émotionnellement exigeantes les tâches du travailleur social qui œuvre auprès d'adolescents qui vivent des bouleversements tels qu'on a dû les placer dans une clinique.

La période d'observation a commencé et, pendant 5 mois, les chercheurs ont tout simplement tenu le compte du nombre de visites effectuées par les travailleurs sociaux, et ce, à titre de référence. Au cours de cette période, 43 pour cent des adolescents ont reçu la visite d'un intervenant.

Pendant les 5 mois qui ont suivi, chaque fois qu'un travailleur social rendait visite à un adolescent, un représentant du centre d'hébergement lui envoyait une note de remerciement. Pendant cette période, 80 pour cent des adolescents ont reçu des visites. Les chercheurs ont alors mis un terme à l'envoi des notes de remerciement, et le taux de visites des travailleurs sociaux a rapidement chuté pour revenir à la fréquence du début: environ 50 pour cent des adolescents ont reçu une visite hebdomadaire.[12]

---

12. Hewitt B. Clark, J.T. Northrop et C.T. Barkshire, « The Effects of Contingent Thank-You Notes on Case Managers' Visiting

Il apparaît clairement que le pouvoir de la gratitude a influé sur l'attitude de ces travailleurs sociaux. Les gens qui se sentent appréciés sont davantage portés à faire des efforts pour le compte de ceux qui les valorisent.

Dans le cadre d'une autre étude, des serveuses qui inscrivaient le mot « merci » sur l'addition avant de la remettre aux clients ont vu leurs pourboires augmenter de 11 pour cent en moyenne.[13] Et celles qui écrivaient au verso de l'addition un petit message précisant quel serait le prochain menu du jour ont également reçu des pourboires plus élevés. En moyenne, ces pourboires ont augmenté de 17 à 20 pour cent.[14] Dans un univers où les liens personnels semblent de plus en plus restreints, et parfois stressants lorsqu'ils se manifestent, le pouvoir de la gratitude a une grande résonance.

Mais rappelez-vous que la professeure Alice Isen a dit que les gens reconnaissants ne sont pas des marionnettes, et qu'ils n'agissent que lorsqu'ils sentent qu'on ne cherche pas à les manipuler. Par exemple, des clients d'une bijouterie qui avaient reçu un appel les remerciant de leur clientèle y sont retournés plus souvent que les clients qui n'avaient pas reçu d'appel.

> « *Pour vous élever, soutenez quelqu'un d'autre.* »
> – Booker, T. Washingon

Residential Clients », *Education and Treatment of Children* 11, n° 1 (1988), pp. 45-51.

13. Bruce Rind et Prashant Bordia, « Effect of Server's "Thank You" and Personalization on Restaurant Tipping », *Journal of Applied Social Psychology* 25, n° 9 (1995), pp. 745-51.

14. Bruce Rind et David Strohmetz, « Effect on Restaurant Tipping of a Helpful Message Written on the Back of Customers' Checks », *Journal of Applied Social Psychology* 29, n° 1 (1999), pp. 139-144.

Mais ils y ont également fait des achats plus importants que les clients qui avaient reçu cet appel et à qui on avait dit en même temps qu'ils pourraient bientôt bénéficier d'un rabais de 20 pour cent. L'annonce du solde, qui fait généralement office d'argument de vente, a fait sonner faux les remerciements.[15]

Mais comment l'effet boomerang fonctionne-t-il réellement ? Vous rappelez-vous Kim Keough, cette régisseuse du Schuster Performing Arts Center de Dayton ? Nous sommes restées en contact. Elle m'a envoyé un courriel environ six mois après notre rencontre. La Junior League prévoyait la tenue d'une autre série de conférences. Cela signifiait que Kim devait amorcer les préparatifs. Vous pensez probablement à l'achat de nouveaux micros ou au rafraîchissement des décors de l'arrière-scène, n'est-ce pas ? Vous n'y êtes pas du tout ! Kim m'a dit qu'elle épluchait les publicités dans les journaux, à la recherche d'un modèle de bottes ou de chaussures nouveau et original.

« Les dames de la ligue exigent maintenant que nous portions des talons hauts au moins une fois par semaine, m'a-t-elle dit, et jusqu'à maintenant, c'est-à-dire depuis notre rencontre, je ne les ai pas déçues. »[16]

Je ne peux m'empêcher de sourire chaque fois que j'y pense. Il est plus de minuit alors que j'écris ces lignes, et j'ai les larmes aux yeux et le cœur rempli de gratitude. Ces quelques minutes pendant lesquelles Kim et moi

---

15. J. Ronald Carey, Steven H. Clicque, Barbara A. Leighton et Frank Milton, « A Test of Positive Reinforcement of Customers », *Journal of Marketing* 40, n° 4 (octobre 1976), pp. 98-100; réf: 10.2307/1251075.

16. Kim Keough, dans un courriel envoyé à l'auteure, 15 novembre 2006.

avons parlé dans les coulisses ont réellement fait une différence dans sa vie.

Elle me dit qu'elle se fait maintenant un devoir de consacrer chaque jour quelques minutes à son maquillage. Et elle ajoute que, de temps en temps, elle pense à moi : « Cela arrive surtout lorsque je tente de me rappeler que ce n'est pas parce que je travaille avec des hommes qu'il me faut leur ressembler tout le temps. Rien ne m'oblige à m'habiller comme eux. Et pour cela, je vous dis MERCI ! »[17]

Non, Kim, c'est moi qui vous remercie. Kim ne se rend peut-être pas compte qu'elle m'a beaucoup donné. La majorité d'entre nous ignore si nous influons sur la vie des autres. Nous supposons tout simplement qu'il n'en est rien. Kim, merci de m'avoir rappelé que chacun d'entre nous, dans les moments les plus ordinaires, a le pouvoir de faire de la magie pour quelqu'un d'autre. Ce rappel est un cadeau pour nous tous, et pour cela, je déborde de gratitude.

Henry David Thoreau, écrivain du 19e siècle, l'a dit en ces termes :

« *Savoir influer sur la qualité du jour est la plus élevée des formes d'art.* »[18]

C'est joli, mais un peu intellectuel et guindé. En guise de rappel convivial de l'impact que chacun d'entre nous peut avoir sur les autres, Kim et ses jolis escarpins sont parfaits pour moi.

---

17. *Ibid.*
18. Henry David Thoreau, *Walden* (New York : Houghton Mifflin, 1949), p. 87.

Sept

Votre jardin secret

« Si vous prenez le temps d'observer un homme réellement heureux, vous le verrez construire un bateau, écrire une symphonie, instruire son fils, cultiver des dahlias doubles ou chercher des œufs de dinosaures dans le désert de Gobi. Il ne sera pas en train de chercher le bonheur comme s'il s'agissait d'un bouton de chemise ayant roulé sous le radiateur, comme s'il était animé d'une vie propre. Il aura compris qu'il est heureux, ayant vécu pleinement, chaque jour. »

– W. BERAN WOLFE

La liste des choses pour lesquelles vous éprouvez de la gratitude doit maintenant être passablement longue. Si vous les passez en revue, vous devriez être en mesure d'y voir émerger un schéma. Un grand nombre d'entre elles auront trait à l'importance que certaines personnes ont dans votre vie et aux relations que vous entretenez avec elles. D'autres souligneront des expériences qui continuent d'avoir une signification particulière à vos yeux. Et d'autres encore porteront sur des projets que vous avez mis en place, des réalisations que vous pouvez citer avec fierté en disant : « C'est arrivé grâce à moi. » Qu'il s'agisse d'une école comme celle qu'Ann Tisch a créée, ou d'une couverture confectionnée à l'intention d'une personne qui est confinée chez elle, le pouvoir de la gratitude est largement tributaire de notre capacité à dire : « Je l'ai fait moi-même. »

Cela s'appelle l'eudémonie – c'est-à-dire que le but de l'action est le bonheur ou le sentiment de plénitude qui découle du geste lui-même, et non de son résultat. Autrement dit, l'action qui consiste à aider quelqu'un, à fonder une école ou à tricoter un chandail est une source de plaisir pour la personne qui l'accomplit. Tout autre avantage qui en découle – le bénéficiaire est reconnaissant, l'école est un succès ou le chandail garde quelqu'un au chaud – n'est que la cerise sur le gâteau.

J'ai fait l'expérience de l'eudémonie pendant la majeure partie de ma vie. Mais j'ignorais que cela s'appelait ainsi. Qu'il s'agisse de construire une tête de lit, de tricoter une tuque et un chandail confortable pour l'un de mes enfants ou de tenter de cultiver un jardin un tant soit peu attrayant, je tire autant de plaisir à clouer, à creuser ou à nouer des mailles que du produit fini. C'est, pour moi, une façon de puiser dans le pouvoir de la gratitude, un pouvoir qui a fait ses preuves.

LE POUVOIR DE LA GRATITUDE

Exploitez votre créativité. Si vous avez un loisir, adonnez-vous-y corps et âme ! Si vous n'en avez pas, trouvez-en un !

Lily Chin n'a pas seulement exploité sa créativité, elle en a fait une carrière. Reconnue comme la crocheteuse la plus rapide du monde, cette New-yorkaise a pratiquement établi tous les records de vitesse dans cette discipline grâce à l'incroyable agilité de ses doigts. Conceptrice de tricots pendant près de 25 ans, Lily trouve le pouvoir de la gratitude dans chaque vêtement qu'elle crée. Parlant presque aussi vite qu'elle tricote et crochète, elle dit : « Je crois que chaque être humain est habité par ce désir irrépressible de créer. Je crois qu'il est important de laisser un peu de nous-mêmes dans le monde. C'est en quelque sorte accéder à l'immortalité. » Elle rit. « Certaines personnes font des bébés ; moi, je fais des chandails.

« C'est comme un sentiment de continuité dans un monde où tout est usiné, explique Lily. C'est une activité qui permet de ne pas perdre de vue la façon dont les choses sont faites, et cela permet de mieux apprécier ce que l'on a. Il suffit de jeter un coup d'œil à un vêtement vendu chez Wal-Mart pour mieux comprendre le travail et la créativité qui se trouvent derrière mes réalisations. »

Mme Chin qui, enfant, adorait démonter ses jouets uniquement pour comprendre comment ils avaient été assemblés, a appris à tricoter et à crocheter à l'âge de 8 ans. Sa mère lui avait offert une aiguille à crocheter et de la laine pour qu'elle cesse de lui jouer dans les cheveux. Lily a été immédiatement fascinée.

Aujourd'hui, elle est l'auteure de plusieurs livres de tricot et de crochet dans lesquels figurent ses propres modèles. Elle travaille avec les meilleurs designers, dont Diane von Fürstenberg et Ralph Lauren. Mais elle dit que son travail le plus valorisant est celui qu'elle fait auprès de l'organisme Red Scarf Project qui expédie chaque année des paniers contenant des foulards faits à la main à des établissements qui font la promotion de l'éducation chez les jeunes.

« Il n'y a pas de plus beau cadeau… que celui qui est né de nos propres mains, de notre propre cerveau, et que l'on offre avec le cœur. Lorsqu'on le fait soi-même, qu'on ne l'achète pas, on offre une partie de nous-mêmes. » Chaque maille d'un travail de tricot ou de crochet renferme une caresse. Lily consacre une partie de ses vacances à tricoter des foulards rouges afin d'envoyer de gros câlins à des enfants.

Lily est habitée d'une joie de vivre que la majorité d'entre nous pourrait envier. Elle sillonne le pays, donne des cours et dit que rien ne l'excite davantage que de voir ses élèves développer une passion pour son art.[1]

Trouver une passion peut devenir une importante façon de mettre en valeur votre vie. Le projet portant sur les signatures des forces mis en œuvre par les professeurs Chris Peterson et Martin Seligman à l'université de la Pennsylvanie a permis de conclure que parmi les 24 signatures établies : l'espoir, la joie de vivre, la gratitude, la curiosité et l'amour étaient les plus aptes à influer sur la vie d'un individu. Il a cependant noté que la curiosité et la soif d'apprendre avaient sensiblement moins d'impact. Plus un individu s'identifie à une force, plus il dit retirer une grande satisfaction de la vie.[2]

---

1. Lily Chin, dans une entrevue téléphonique accordée à l'auteure, 29 novembre 2006. Pour plus d'information sur le Red Scarf Project, consultez www.orphan.org.
2. Voir l'annexe pour une liste complète des signatures des forces.

───∿∿∿───

LE POUVOIR DE LA GRATITUDE

*Fabriquez ou cuisinez quelque chose
et partagez-le avec quelqu'un.*

───∿∿∿───

Dans le cadre de cette étude menée sur les signatures des forces, on a demandé aux participants de nommer cinq forces différentes – leurs plus grands talents – et d'utiliser l'une d'entre elles chaque jour pendant une semaine. Ces sujets ont connu le même niveau d'élévation que les participants d'un autre groupe qui devait recenser quotidiennement trois choses pour lesquelles ils éprouvaient de la gratitude.[3]

Si vous arrivez à trouver votre passion et à la partager avec autrui, vous en doublerez les bienfaits. Le Dr Martin Seligman, qui est considéré comme le père de la psychologie positive, dit avoir fait cette découverte lors du premier cours qu'il a donné dans cette discipline. Il avait demandé à ses étudiants de faire une activité agréable et une activité philanthropique, et de noter ensuite leurs impressions. «Les résultats ont été très étonnants. Les activités "agréables" (passer du temps avec des amis, aller au cinéma) ne soutenaient pas la comparaison avec les effets d'une bonne action. Lorsque l'activité philanthropique était spontanée et faisait appel à la compétence, le reste de la journée se déroulait mieux, alors que le

───────────

3. Christopher Peterson et Martin E. P. Seligman, *Character Strengths and Virtues: A Handbook and Classification* (Orford University Press et American Psychological Association, 2004).

plaisir généré par l'activité agréable s'évanouissait immédiatement. »[4]

Bob Vila connaît une ou deux choses en matière de bricolage. Maître artisan, il a pendant près de 30 ans enseigné à toute l'Amérique comment manier une perceuse électrique et déterminer la verticale d'un mur. Il a amené des millions d'Américains à éprouver l'exaltant sentiment de supériorité qui accompagne l'achèvement d'un projet, qu'il s'agisse de rénover une maison de la cave au grenier ou de retaper un meuble. Cela fait maintenant plusieurs décennies qu'il a restauré un gros bureau à cylindre, l'un de ses premiers projets, mais il en parle encore avec beaucoup de fougue. Il dit : « C'est une question de relaxation totale. Cela vous permet de vous déconnecter de tout pendant un moment et de ne vous concentrer que sur le moment présent. »

> « Les croyances sont comme les fondations d'un édifice, ce sont les fondements sur lesquels bâtir votre propre vie. »
> – Alfred A. Montapert

L'empire de Bob Vila a vu le jour lorsque sa femme et lui ont rénové une vieille maison victorienne de style italien à Newton, dans le Massachusetts. C'était au milieu des années 1970 et l'engouement pour la rénovation n'avait pas encore vu le jour. La maison des Vila a fait l'objet d'un peu de publicité locale et puis un directeur de production d'une chaîne de télévision a frappé à leur porte et a offert à Bob de réaliser une émission pilote

---

4. Martin E. P. Seligman, « Teaching Positive Psychology », *APA Monitor* 30, n⁰ 7 (juillet-août 1999).

portant sur la rénovation de vieilles maisons. Bob dit que cela a été son moment «Lisa Turner». «C'est comme si j'avais été en train de déguster une glace, juché sur un tabouret, et qu'un producteur m'avait découvert», dit-il en riant. C'est ainsi qu'est née l'émission intitulée *This Old House*.

Je lui ai demandé en quoi ses activités artistiques l'aidaient dans les autres aspects de sa vie. Il a semblé pendant un moment se perdre dans ses pensées, et puis il a répondu: «Il y a une solution à tout ce qui a trait à la brique et au mortier. Je ne me laisse pas démoraliser par les difficultés courantes, par les inspecteurs ou par les problèmes de structures qui peuvent nous retarder. Évidemment, tout délai est onéreux. Je crois que ce qui m'a parfois démoralisé, ce sont les déceptions personnelles, ces relations qui ont été rompues par les entrepreneurs avec qui j'avais fait affaire.

«Il y a eu des moments, poursuit-il, où j'ai vraiment été scandalisé par le comportement des gens. Il y a eu des moments où j'ai eu envie de dire: "Je laisse tout tomber." Et puis, on réalise que beaucoup de gens ont contribué à notre réussite, et que ce sont eux qui comptent.» Bob s'estime heureux d'avoir eu des collègues qui l'ont épaulé pendant 25 ans.

Mais une chose étrange est arrivée à Bob qui, à une certaine époque, enseignait à tout le monde comment tout réparer dans la maison: il n'a plus le temps de s'adonner à sa passion. Entre l'enregistrement d'une nouvelle émission de télévision, ses investissements dans de nouveaux projets immobiliers et la promotion de sa nouvelle gamme d'outils, il ne touche plus à un outil que pour enseigner à quelqu'un à s'en servir. Il dit ne pas se rappeler la dernière fois où il a entrepris un projet de rénovation. Mais cela ne l'ennuie pas. Il éprouve un plaisir créatif endorphique lorsqu'il transmet ses connaissances aux autres.

«En fin de compte, cela vous procure la même satisfaction, même si vous ne vous adossez pas le soir à une tête de lit que vous avez construite, ou que vous n'avez pas achevé la restauration d'un bureau. Cela va beaucoup plus loin que ça.»[5]

Bob et moi avons eu cette conversation le jour où il venait de conclure une entente pour un tournage à St. Petersburg, en Floride. L'émission traite d'un nouveau concept de maisons neuves et économiques, construites à partir de conteneurs d'acier ayant été mis au rebut. Il parlait avec autant d'enthousiasme de sa bonne action que de sa nouvelle gamme de produits.

«Des centaines de milliers de conteneurs que nous utilisions pour importer des produits de Chine ne servent plus à rien parce que nous ne produisons plus suffisamment de biens de consommation là-bas, et ces conteneurs dormaient sur un quai.» Bob Vila explique comment, dans le cadre de son projet, les conteneurs seront utilisés pour construire des maisons écoénergétiques. Il ne fait que raconter l'histoire, car il n'y a aucun intérêt financier. Mais les énormes possibilités que cela représente, tant pour l'environnement que pour tous ceux qui doivent prendre un nouveau départ dans la vie, sont incontestablement un stimulus émotionnel. Il conclut en disant: «Nous ne vivons pas uniquement en fonction de nous-mêmes. Nous aidons tout le monde, et c'est ce qui compte vraiment.»[6]

---

5. Bob Vila, dans une entrevue téléphonique accordée à l'auteure, 30 novembre 2006.
6. *Ibid.*

Huit

Grandissez avec les racines que vous avez

« J'ai appris d'expérience que le bonheur ou la tristesse tiennent, avant tout, à notre état d'esprit et non aux circonstances de la vie. »
– MARTHA WASHINGTON

Nous savons tous que la vie peut être cruelle. Mais nous ne voulons tout simplement pas que le malheur s'abatte sur nous.

Personne n'aurait pu en vouloir à la famille Hutto du Tennessee si elle avait fait cette affirmation. Mais elle ne l'a jamais faite, et cela fait un an et demi que je la connais. Ce que j'ai entendu, c'est : « Ne lâche pas », « il ne s'est jamais plaint », « je ne savais pas que des gens pouvaient être aussi attentionnés », et le plus souvent : « C'est un miracle ».

C'est un miracle que Craig Hutto, le cadet d'une famille de trois garçons athlétiques, soit encore en vie. Il s'en est fallu de peu pour qu'il s'inscrive dans les statistiques qui recensent les décès attribuables aux attaques de requin. C'était l'été précédant sa dernière année d'études secondaires, une semaine avant son 17e anniversaire. Il était en vacances avec sa famille à Panama City, en Floride. Craig et son frère Brian étaient non loin du rivage et pêchaient dans les brisants.

Une vidéo réalisée par ses parents le matin même montre un adolescent grand et efflanqué, de l'eau jusqu'aux genoux, en train de faire ses premiers lancers. Sa mère est confortablement installée dans un transat, se délectant à l'avance de cette matinée qu'elle allait passer sur la plage.

Mais soudain, quelque chose a heurté Craig et, avant même qu'il ne se rende compte de la situation, il était en train de lutter contre un requin. Son frère s'est précipité pour l'aider et il lui a probablement sauvé la vie. Les mains de Craig ont été gravement entaillées et la partie inférieure de sa jambe droite a été réduite en lambeaux.

Les cris de la famille ont attiré quelques bons Samaritains qui ont prodigué les premiers soins à Craig. Son père et sa mère ont eu le sentiment qu'une éternité s'était écoulée avant que l'ambulance arrive et conduise Craig à l'urgence. Et lorsqu'il est enfin arrivé à l'hôpital, les médecins n'ont pas eu le choix : ils ont dû l'amputer pour lui sauver la vie. Craig a fêté son anniversaire à l'hôpital.

Pour Craig, l'accident était assez horrible en soi. Mais les médecins l'ont par négligence rendu encore plus effroyable. Craig avait le sentiment que personne ne voulait répondre clairement à la seule question qu'il avait envie de poser : « Est-ce que je vais survivre ? »

« Je posais cette question aux médecins : « Est-ce que je vais survivre ? « … car ils ne peuvent pas nous mentir ; ils nous doivent la vérité.» La voix de Craig est tendue lorsqu'il parle de ces premières journées passées à l'hôpital. « Mais ils ne peuvent pas répondre par l'affirmative s'ils ne savent pas. Et les médecins ne savaient pas. C'est ce qui m'a le plus stressé.»[1]

Le mot est faible. Craig était obsédé par cette incertitude. Il posait la question à tous ceux qui entraient dans sa chambre. Le préposé à l'entretien, les infirmières, les bénévoles – tous se faisaient demander : « Est-ce que je vais survivre ? » Et puis un jour, se rappelle sa mère, une infirmière lui a pris la main et lui a dit la vérité.

« Elle a dit : "Oui, vous allez survivre à vos blessures"… raconte Lou Ann Hutto. Et puis elle a ajouté : "Mais rien ne garantit que vous ne vous ferez pas renverser par une voiture lorsque vous sortirez d'ici."» Malgré cela, Craig était toujours habité par la même obsession lorsqu'il a été transféré à l'hôpital Vanderbilt, près de chez lui. Finalement, son orthopédiste a compris que la seule façon de faire saisir à Craig qu'il allait vivre était de le renvoyer chez lui, avec ses blessures. C'est ainsi que Craig a réalisé qu'il allait s'en tirer.[2]

> *« J'ai appris en effet à me suffire en toute occasion. »*
> – *Épître de saint Paul aux Philippiens (4,11)*

Oui… mais certainement pas en courant. On avait dû lui amputer la jambe droite au-dessus du genou, et

---

1. Craig Hutto, dans une entrevue téléphonique accordée à l'auteure, 13 novembre 2006.
2. Lou Ann Hutto, dans une entrevue téléphonique accordée à l'auteure, 13 novembre 2006.

pour Craig qui venait d'une famille où l'athlétisme fait pratiquement partie des cinq groupes alimentaires, cela a été une épreuve extrêmement pénible. Notre dernière conversation remonte au jour où il m'a appelée du gymnase où avait lieu la séance d'entraînement de son équipe de basket-ball. Il ne joue pas encore, mais il s'exerce à courir avec sa prothèse.

J'ignore si Craig reviendra au jeu. Si la détermination y est pour quelque chose, je parie qu'il y arrivera. Craig et sa famille sont toutefois revenus au jeu de la vie. Ils n'auraient jamais choisi de relever un tel défi, mais ils ont appris à «grandir avec les racines qu'ils ont». Les Hutto, une chaleureuse famille sudiste, partagent généreusement ce qu'ils ont appris.

Pour commencer, ils sont conscients que c'est un miracle si Craig a survécu. La famille se trouvait sur une plage isolée et difficile d'accès au moment de l'attaque. Mais, chose incroyable, la plage fourmillait de professionnels de la santé. Le hasard a fait que trois infirmières chevronnées, un médecin et un ambulancier s'y trouvaient ce matin-là. D'une voix empreinte d'émotion, Lou Ann poursuit: «Pourquoi? C'est probablement la preuve que Craig n'était pas destiné à mourir ce jour-là.»[3]

Roger Hutto est encore estomaqué par les prières, l'amour et le soutien que sa communauté et même des étrangers ont manifesté. «Je n'avais jamais réalisé que les gens pouvaient être aussi attentionnés. Nous avons reçu des milliers de cartes de gens que nous ne connaissions même pas, de partout au pays. Que quelqu'un ait pris le temps d'acheter une carte, de chercher notre adresse et de nous écrire par pure compassion…» Roger se tait,

---

3. *Ibid.*

encore ému. «Il y a quelques semaines, une équipe de basket-ball du Tennessee nous en a envoyé une. Elle contenait un chèque de 100 $. Les joueurs avaient écrit: "Nous pensons à vous et nous avons tenu à vous envoyer ceci. Dépensez cet argent comme bon vous semble." Est-ce que cela fait une différence?, demande Roger avec insistance. Eh bien, cela a plus d'impact que vous ne pourriez l'imaginer.»[4]

Craig dit que ces cartes lui ont rappelé qu'il y a de bonnes personnes dans le monde. Toutes ces paroles d'encouragement l'ont aidé à trouver en lui une force qu'il ne soupçonnait pas. «J'ignorais comment j'arriverais à surmonter un tel obstacle. Je savais que je pouvais relever des défis, par exemple au basket-ball ou au baseball, en m'entraînant constamment. Mais c'est une autre histoire lorsque cela devient une question de vie ou de mort.» Craig poursuit: «On ne sait pas ce que notre corps peut endurer tant qu'il n'a pas été mis à l'épreuve. L'esprit et le corps peuvent être poussés jusqu'à des limites incroyables. Il s'agit d'être fort.» Et puis, comme si l'idée lui était venue après coup, Craig ajoute: «N'abandonnez jamais. Vous avez tant à offrir encore.»

Craig a 18 ans, et il est trop tôt pour qu'il sache ce qu'il a encore à offrir, mais il a déjà pu constater à quel point son courage a inspiré les autres. Il sait qu'il a influé sur la vie d'une adolescente, elle-même amputée. Les larmes aux yeux, elle a raconté à Craig qu'elle avait été clouée au lit pendant trois mois à la suite de l'amputation.

---

4. Roger Hutto, dans une entrevue téléphonique accordée à l'auteure, 13 novembre 2006.

Craig m'a dit : « Tant de choses sont arrivées à cause de cet accident. Dire que je n'ai pas baissé les bras et espéré avoir inspiré quelqu'un est pour moi une façon d'exprimer ma gratitude. Aussi terrible que cela ait été pour moi, c'est bon de sentir que je peux encourager ne serait-ce qu'une seule personne. »[5]

Les Hutto n'auraient certainement jamais choisi la situation dans laquelle Craig se trouve actuellement. Personne ne souhaite subir une telle perte. La chambre de Craig se trouve au-dessus de celle de ses parents, et son père a le cœur brisé chaque fois qu'il l'entend sauter à cloche-pied entre la salle de bain et son lit. Mais les Hutto gèrent bien la situation et savent qu'ils s'en sortiront. Cette fois, c'est l'enfant qui a donné une leçon à ses parents.

« Je crois que nous avons tendance à sous-estimer le courage dont peut faire preuve une personne. J'ai sous-estimé Craig », admet son père, l'anxieux de la famille. « J'ai appris et j'apprends encore chaque jour. Il nous a aidés à traverser cette épreuve, bien plus que nous ne l'avons aidé. Il m'a soutenu sur le plan psychologique bien plus que je ne l'ai fait pour lui. Il suffit de le regarder pour comprendre qu'il ne faut jamais sous-estimer quelqu'un qui se trouve devant un réel défi. »[6]

La mère de Craig, Lou Ann, s'est toujours fait un devoir de commencer chaque journée par une prière dans laquelle elle dit merci à la vie. Elle dit que l'accident de son fils l'a amenée à tout remettre en perspective, à mettre l'accent sur ce qui compte vraiment. « J'avais toujours essayé de faire de mon mieux. Je travaillais à temps plein et je m'investissais bien au-delà des exigences

5. Craig Hutto, entrevue téléphonique, *ibid.*
6. Roger Hutto, entrevue téléphonique, *ibid.*

de mon employeur. Après l'accident, je me suis dit : « *J'ai raté tant de choses pendant que les garçons grandissaient. Je m'efforce maintenant de passer davantage de temps avec ma famille.* »[7]

Encore une fois, c'est Craig qui est le professeur. Dans la première épître de saint Paul aux Thessaloniciens (5,11), on peut lire : « C'est pourquoi il faut vous réconforter mutuellement et vous édifier l'un l'autre… » C'est Craig qui réconforte sa mère et qui l'encourage à fréquenter ses amis et à faire de l'exercice. C'est cette façon pragmatique dont Craig aborde la vie qui a aidé son père à comprendre que tout irait bien. C'est également Craig qui s'adresse à des enfants dans les écoles et aux organismes communautaires, encourageant ainsi les autres à ne jamais abandonner, à toujours persévérer.

La gratitude qu'éprouvent maintenant Craig et sa famille n'est pas uniquement attribuable au fait que Craig a survécu. Tous les membres de la famille s'entendent pour dire : « C'est à cause de Brian. » Brian est l'aîné des frères Hutto et il est aussi optimiste que son père peut être anxieux. Brian a toujours été d'un tempérament enjoué et sa disposition à voir les bons côtés de la vie a influé de façon positive sur tous les membres de sa famille.

Il est fort possible que les Hutto vivent longtemps. Car les gens qui ont des émotions positives pendant leur enfance et plus tard à l'âge adulte ont un organisme deux fois plus résistant.[8]

---

7. Lou Ann Hutto, entrevue téléphonique, *ibid.*

8. C.D. Ryff et coll., « Elective Affinities and Uninvited Agonies », dans C.D. Ryff et B.H. Singer, éd., *Emotion, Social Relationships, and Health* (New York : Oxford University Press, 2001).

La majorité d'entre nous n'a pas à relever des défis aussi colossaux que ceux auxquels ont été confrontés Craig Hutto, Anne Hjelle et Emma Rothbrust. Ce sont plutôt les petits tracas du quotidien qui nous rendent fous. Il n'est pas facile de s'épanouir lorsque le jardin qui nous entoure est envahi par les mauvaises herbes. Mais le pouvoir de la gratitude est un excellent herbicide.

Nous connaissons tous des gens qui sont de véritables casse-pieds et qui ont le don de nous agacer. Comme tous ceux qui ont évolué dans le monde des affaires pendant longtemps, Bob Vila a été déçu plus d'une fois par des collègues et des associés qui l'ont laissé tomber. Il a appris à les tenir à distance. « Il y a toujours un risque qu'un membre de l'équipe se révèle être un salaud. Mais il y en a toujours d'autres pour compenser. » Bob a choisi d'exprimer sa gratitude envers les nombreuses personnes qui ont contribué à la réussite de son entreprise plutôt que de s'attarder aux rares individus qui l'ont déçu.[9]

> « Lorsqu'on veille à ce que les gens se sentent importants et appréciés, ils ne voient plus la nécessité de rabaisser les autres pour se valoriser. »
>
> – *Virginia Arcastle*

J'ai déjà eu un collègue qui fouillait dans mes affaires dès que j'avais le dos tourné. Ne souhaitant pas d'affrontement, j'ai décidé de poser des « pièges » un peu partout sur mon bureau : de petites notes, toutes fictives, faisant état d'importantes attributions de tâches, de rencontres

---

9. Bob Vila, dans une entrevue téléphonique accordée à l'auteure, 30 novembre 2006.

avec des membres de la haute direction et de voyages d'affaires suggérant que j'étais en plein essor sur le plan professionnel. Il n'a pas fallu longtemps au fureteur pour qu'il se mette à annoncer à la ronde, d'un ton désinvolte, que l'on m'avait confié tel ou tel mandat. Cela a confirmé mes soupçons et j'ai réalisé que j'y gagnais quelque chose : la curiosité irrépressible de mon collègue m'a poussée à faire du rangement. Mon bureau est devenu un modèle d'organisation et, pour cela, je lui en serai toujours reconnaissante !

Que se passerait-il si, un jour, vous arriviez au bureau et disiez : « Salut, comment allez-vous ? J'ai fait des biscuits hier soir ; vous en voulez ? » Vous rappelez-vous comment un sac de bonbons a aidé des médecins à mieux réfléchir ? Il y a peut-être quelqu'un qui vous en veut secrètement, ou qui manque tout simplement d'assurance et qui, à cause de cela, s'est comporté de façon idiote avec vous. Un petit geste effectué à l'égard de cette personne ne vous coûtera pas grand-chose et pourra l'inciter à modifier son comportement.

—⁓⁓⁓—

LE POUVOIR DE LA GRATITUDE
Embrassez votre ennemi.

—⁓⁓⁓—

Tout d'abord, un tel geste prédispose les gens à la résolution de conflits. Lors d'une expérience, les sujets ont reçu comme consigne de rester assis tranquillement, de faire des blagues, d'offrir des bonbons à la ronde, ou de dire qu'ils étaient tendus. On leur a ensuite demandé de résoudre un conflit. Les chercheurs ont constaté que les participants qui avaient offert des bonbons ou qui avaient fait des blagues étaient davantage portés à collaborer et à négocier.[10] Encore une fois, la sensation de bien-être que procure la gratitude a permis d'obtenir les résultats souhaités. Et il existe de nombreux moyens de mettre en pratique le pouvoir de la gratitude au travail.

Par exemple, la réception de Noël au bureau peut être soit la recette idéale du désastre (pensez au responsable de la comptabilité qui passe la soirée avec un abat-jour sur la tête), soit une occasion de nouer des liens de réelle amitié. La fête que nous avons organisée il y a quelques années pour les membres de l'*Inside Edition* avait de quoi remonter le moral.

Étant donné que notre émission traite à peu près de tous les sujets, d'innombrables entreprises nous envoient des tonnes de gadgets et d'échantillons de nouveaux produits dans l'espoir que nous en fassions la promotion. Mais lorsqu'un produit a été utilisé, nous ne pouvons pas le renvoyer à l'expéditeur. Donc, cette année-là, un collègue et moi les avons tous mis de côté. Ensuite, avec l'aide de quelques stagiaires, nous les avons placés dans des sacs à provisions numérotés.

Le soir de la fête, les membres de l'équipe de l'*Inside Edition* ont pigé un numéro dans un chapeau et ont dû ouvrir le sac correspondant à ce numéro devant tout le monde dans la salle des nouvelles. Croyez-moi, lorsque notre mignon graphiste a découvert dans son sac un ourson en peluche de Victoria's Secret, tout le monde a éclaté de rire. La bonne humeur a ensuite régné dans nos

---

10. M. Carlson, V. Charlin et N. Miller, « Positive Mood and Helping Behavior : A Test of Six Hypotheses », *Journal of Personality and Social Psychology* 55, n° 2 (août 1988), pp. 211-229.

bureaux pendant plusieurs semaines. En tout cas, j'ai pour ma part trouvé que la salle des nouvelles – qui est toujours un environnement bouillonnant et stressant – était un peu moins oppressante.

———— ∽∾∽ ————

LE POUVOIR DE LA GRATITUDE

Regardez autour de vous.
Qu'est-ce qui va bien dans votre monde ?

———— ∽∾∽ ————

Balayez du regard votre maison, votre appartement, votre chambre. Regardez ce que vous avez créé. Ne vous attardez pas à ce qui n'est pas parfait – nous sommes tous un peu désordonnés – mais aux choses qui sont bien. Vous avez travaillé dur pour créer ce lieu sécuritaire que vous appelez votre foyer, qu'il soit grand ou petit. Dites merci au corps robuste qui vous a permis d'y transporter vos meubles, à l'emploi qui vous a permis de les payer et aux yeux qui vous permettent de les contempler.

Avez-vous de bons souvenirs qui sont rattachés à certaines de vos possessions ? Vous rappelez-vous le marché aux puces où vous avez déniché ce cadre génial ? Revivez le moment où vous avez pris cette photo qui se trouve sur votre commode. Je me rappelle bien ma première chaîne stéréo. Je l'ai conservée de nombreuses années uniquement parce que j'avais beaucoup travaillé à garder des enfants, à coudre et à entretenir le jardin pour me l'offrir. J'éprouvais de la gratitude pour ce vieux 8 pistes, et bien que je m'en sois départie depuis longtemps, les sentiments agréables que mon acquisition m'a procurés sont encore bien présents en moi.

Pendant que vous êtes occupé à admirer le lieu où vous vivez, ne cédez pas à la tentation de le comparer avec celui d'un autre. Il y aura toujours quelqu'un qui aura un peu plus de... tout. Quelle que soit l'échelle de mesure, cette comparaison évoque bien peu le pouvoir de la gratitude.

Dans une étude réalisée à l'université Harvard, Erzo Luttmer a utilisé les données du recensement pour comparer le degré de bonheur de gens appartenant à la même tranche de revenu, mais vivant dans des environnements différents. L'individu qui vivait dans un quartier modeste était le plus heureux.[11] Il ne regardait probablement pas ses voisins en pensant : « *Je ne fais pas le poids.* » Par contre, l'individu qui vivait dans un quartier huppé se sentait inférieur chaque fois qu'il y circulait.

Mais s'il était passé devant la maison d'un ami très cher, il se serait probablement senti un peu mieux. Comme vous le savez maintenant, le pouvoir de la gratitude nous rappelle qu'il est important de nouer des liens avec les autres, et aussi de renforcer ces liens. Les gens qui ont cinq amis intimes ou plus seront deux fois plus enclins à se dire « très heureux » que ceux qui ont peu d'amis. Êtes-vous marié ou vivez-vous en union libre ? Alors, vous aurez tendance à vous dire « très heureux ». Quarante pour cent de tous les couples mariés se sont décrits ainsi.[12]

---

11. Erzo F.P. Luttmer, « Neighbors as Negatives : Relative Earnings and Well-Being », *Quarterly Journal of Economics* 120, n° 3 (août 2005), pp. 963-1002.

12. The General Social Survey, sondage mené par le National Opinion Research Center de l'université de Chicago. Depuis 1972, le GSS sonde régulièrement l'opinion de couples américains sur l'état de leur mariage.

———∽∾∾∽———

LE POUVOIR DE LA GRATITUDE
Dressez une liste de cinq personnes avec qui nouer des liens.

———∽∾∾∽———

Lorsque la tragédie a frappé la famille Hutto, ses membres auraient pu être paralysés par l'énormité du défi qu'ils auraient à relever. Au lieu de quoi, ils ont puisé de l'énergie dans les encouragements prodigués par des parents et des amis, et aussi dans tous ces messages d'étrangers dont débordait leur boîte aux lettres chaque jour. Grâce à tous ces gens qui se sont tournés vers eux, les Hutto ont pu développer des relations personnelles qui leur ont non seulement donné un soutien moral, mais aussi une foule d'informations qui leur a permis de mieux comprendre ce qu'est la vie d'un amputé.

Il y a par exemple cet homme de l'Ohio qui leur a écrit pour leur dire que Craig irait de l'avant et que sa vie serait fructueuse. Il avait lui-même perdu une jambe à l'âge de 20 ans. Il était maintenant marié et père de 2 enfants, et réussissait très bien sur le plan professionnel. Son histoire a donné du courage à Roger et à Lou Ann, car elle leur a fait comprendre que Craig avait lui aussi toutes ces possibilités devant lui.

Lou Ann éprouve également de la gratitude pour cette merveilleuse voisine dont elle ne s'était jamais préoccupée. «J'ai une voisine qui vit ici depuis toujours.» Mais avant l'accident, la vie de Lou Ann était un tel tourbillon qu'elle n'avait même jamais remarqué cette femme charmante. «Elle est venue me voir après l'accident, et nous sommes devenues des amies.»[13]

---

13. Lou Ann Hutto, entrevue téléphonique, *ibid.*

Feuilletez votre carnet d'adresses. Il s'y trouve des dizaines de noms de gens que vous appelez des amis, et pourtant vous ne leur téléphonez jamais. Faites-vous un devoir de remédier à cette situation. Lors d'une récente réunion des anciens de mon école secondaire, j'ai pu renouer avec des hommes et des femmes que j'avais perdus de vue depuis longtemps. Malgré la distance qui nous sépare et le temps qui a passé, nous avons été nombreux à réaliser que nous avions un nombre étonnant d'expériences en commun. Grâce au courrier électronique, nous gardons maintenant le contact. Cela ne nous coûte qu'un peu de temps, et je me sens plus riche pour cela.

Une telle relation se trouve peut-être juste sous votre nez.

Cara Mia Jones est coordonnatrice de la promotion dans une station de télévision d'Atlanta. Une partie de son travail consistait à promouvoir l'équipe qui travaillait en ondes et les projets des services communautaires. Elle avait limité ses interventions auprès des radios dont les stations annonçaient sur les ondes de son employeur. Lorsqu'un visiteur de l'extérieur a suggéré que d'autres radios seraient probablement enchantées de rajeunir leurs émissions grâce à des artistes de sa station, elle en a pris bonne note. Après quelques dîners avec les dirigeants de quelques autres stations radiophoniques, elle a conclu des ententes qui assurent une apparition mensuelle régulière de certains de ses artistes. Et plusieurs de ces producteurs sont devenus des amis personnels.

Cara dit que la suggestion du visiteur était justement le coup de pied au derrière dont elle avait besoin. « Je sais que ce talent était déjà en moi ; l'intervention de cet homme a tout simplement provoqué une étincelle. J'ai élaboré une stratégie de marketing pour la station », dit-elle, et elle s'en inspire maintenant pour aller plus loin. Elle est encore étonnée par le fait que le conseil lui a été donné par quelqu'un à qui tout cela n'a rien rapporté.

« Cette personne a agi avec bonté, explique-t-elle. Cela me donne foi en l'humanité que de savoir qu'il existe de belles âmes qui sont prêtes à aider les autres de façon désintéressée et à souhaiter leur réussite. »

Vous vous rappelez ce passage où j'ai dit que les gens reconnaissants sont plus enclins à faire preuve d'altruisme ? Quelques mois après avoir reçu ce qu'elle appelle un « coup de pied au derrière », Cara se trouvait à bord d'un avion en train de discuter avec une agente de bord. « Je lui ai dit que ma carrière allait bien et que j'avais trouvé ma voie. Elle m'a raconté avoir une fille de mon âge qui pourrait sans doute bénéficier de mes conseils. » Cara lui a donc donné sa carte de visite en lui disant que sa fille pouvait lui téléphoner.

> « *C'est étonnant tout ce qu'on peut accomplir lorsqu'on fait preuve d'altruisme.* »
> – *Harry Truman*

Les deux jeunes femmes se sont finalement donné rendez-vous dans un restaurant, et Cara dit maintenant avec fierté qu'elle aide sa nouvelle amie à se construire une carrière qui correspond à sa personnalité. Cette coordonnatrice qui avait bénéficié d'un conseil seulement quelques mois plus tôt en distribue à son tour avec empressement. Remplie de gratitude envers ce visiteur et son conseil impromptu, Cara utilise maintenant le pouvoir de la gratitude pour aider sa nouvelle amie.

« Elle a mon âge, raconte Cara, mais elle n'a pas fait grand-chose pendant les quatre années qui ont suivi sa sortie de l'université. Toutefois, mes conseils l'ont aidée, et elle entreprend maintenant une carrière qui sera valorisante. » Cara est émerveillée par le fait qu'une personne comme elle, n'ayant encore que peu d'expérience dans le monde du travail, soit capable d'offrir des conseils d'orientation professionnelle. Son attitude fonceuse l'aide à trouver un sens à ceci. Elle dit : « J'ai compris que, même si je ne suis dans le milieu que depuis quelques années, un petit conseil peut toujours aider une personne qui essaie de se trouver et de découvrir ce qu'elle veut faire dans la vie. »

Cara ne pourrait être plus enthousiaste, et bien qu'elle n'ait jamais espéré recevoir quelque chose en retour en aidant sa nouvelle amie, elle me dit que c'est le cas. « J'ai découvert que plus on aide les gens en faisant preuve de bonté, meilleure est la vie. Le matin, on se lève avec le sourire ! »[14]

Imaginez ! Une parfaite inconnue aide une parfaite inconnue parce qu'un parfait inconnu l'a aidée. Cara Mia Jones est la preuve vivante que le pouvoir de la gratitude incite les gens à se dépasser au profit d'autrui.

———⌇∿⌇———

LE POUVOIR DE LA GRATITUDE
Aidez quelqu'un à l'extérieur de votre zone de confort.

———⌇∿⌇———

14. Cara Mia Jones, dans une entrevue téléphonique accordée à l'auteure, 5 novembre 2006.

Neuf

Quelle est votre devise ?

> « *La première clé de la grandeur est d'être*
> *en réalité ce que nous semblons être.* »
>
> – SOCRATE

Si vous étiez un produit, quels mots emploieraient vos promoteurs pour vous commercialiser ? En publicité, ces mots portent le nom de slogan : des expressions ou des mots brefs et concis qui dressent instantanément le portrait d'un produit ou service. Il y en a qui résonnent encore des années après leur mise au rebut. « *I can't believe I ate the whole thing* » (je n'arrive pas à croire que j'ai mangé tout ça) est encore ce que disent les téléspectateurs des années 1970 lorsqu'ils font tomber deux comprimés d'Alka-Seltzer dans un verre d'eau.

Au cours de la même décennie, une publicité pour les cigarettes Virginia Slims a féminisé le tabagisme avec son slogan « *You've come a long way, baby* » (Tu en as fait du chemin, bébé). Plus récemment, « *Fais-le !* », le slogan de Nike encourageait les gens à bouger et à le faire en portant des chaussures de sport Nike. Une publicité pour les camions Dodge scandait : « Prenez la vie par les cornes », un slogan qui véhiculait l'audace, l'esprit d'aventure et la rudesse, des qualités que l'acheteur de camion typique voit généralement en lui.

Parfois, un slogan change parce que l'entreprise a évolué. Ainsi, « General Electric nous apporte les bonnes choses de la vie » a récemment été retiré et remplacé par « L'imagination au travail », soulignant ainsi les ressources intellectuelles qui évoluent dans ce conglomérat d'entreprises diversifiées.

Votre devise est bien plus qu'un slogan publicitaire. C'est l'expression abrégée de la ligne de conduite que vous avez adoptée pour votre vie, une sorte d'autocollant de pare-chocs qui vous sert de guide. Un véhicule lourd pourrait très bien avoir un autocollant disant : « Je m'arrête à tous les passages à niveau. » Essayez de réduire ceci à une courte expression et vous vous arracherez bientôt les cheveux. Et vous comprendrez aisément pourquoi les publicitaires gagnent autant d'argent. Il n'est pas aussi facile qu'on le croit de pondre ces slogans courts et habiles !

J'ai un autocollant de pare-chocs qui dit « En avant », ce qui signifie que je m'efforce de mettre un pied devant l'autre, de progresser dans mon cheminement de vie. Certains jours, j'entends dire : « Ça finira bien par passer », des mots que ma défunte mère disait souvent pour me rappeler que, quel que soit le problème, il n'est pas éternel. Et il m'arrive souvent de me dire mentalement : « *Où est le pouvoir de la gratitude ?* » Un rappel qui me pousse à remarquer les bonnes choses de la vie dans toutes les situations, car il y en a.

Mais ma devise personnelle est : « Ici pour faire une différence ». Je n'ai jamais cru que la vie n'était qu'une succession de journées aboutissant à la mort. Je crois que nous sommes destinés à faire le plus d'expériences possible, et à nouer des liens significatifs avec ceux qui nous entourent. Je crois que lorsque nous quittons ce monde, il devrait être meilleur parce que nous y avons séjourné.

Il y a tellement de moyens de faire cette différence, et c'est vraiment à cela que sert le pouvoir de la gratitude. Lorsque nous faisons quelque chose pour quelqu'un d'autre, nous sommes deux à nous sentir bien. L'aspect « élargir et construire » de cette sensation de bien-être nous rend plus aventureux et plus enclins à faire de nouvelles expériences afin de rendre la vie plus stimulante. Ces nouvelles expériences laissent des souvenirs qui, lorsqu'ils sont ravivés, nous remontent le moral.[1] C'est une spirale ascendante qui commence par le pouvoir de la gratitude.

La professeure Alice Isen, cette psychologue de l'université Cornell qui a étudié ce qui se produit lorsque les gens se sentent bien, dit que le pouvoir de la gratitude nous rend plus forts. « Vous devenez une personne plus forte et faites preuve d'une plus grande résilience dans des conditions défavorables, dit-elle. Les gens sont davantage portés à faire ce qu'ils veulent faire lorsqu'ils ont un affect positif. » Elle ajoute qu'il est possible qu'une personne qui n'a pas une grande estime de soi gagne en assurance si elle met en pratique le pouvoir de la gratitude.[2] Par exemple, le fait de penser à un moment agréable

---

1. Barbara L. Fredrickson, « The Role of Positive Emotions on Positive Psychology : The Broaden-and-Build Theory of Positive Emotions », *American Psychologist* 56, n° 3 (2001), pp. 218-226.
2. Alice Isen, dans une entrevue téléphonique accordée à l'auteure, 11 novembre 2006.

peut aider un enfant à obtenir de meilleurs résultats à un examen.

───❧───

LE POUVOIR DE LA GRATITUDE

Que représentez-vous?

───❧───

Je connais les changements que j'ai apportés dans ma propre vie depuis que j'ai suivi mon intuition. Si je suis vraiment «Ici pour faire une différence», alors Sal Morales en est la preuve. Sa conception de la vie empreinte de gratitude l'a aidé à relancer sa carrière à la télévision. Si Sal avait une devise, je crois que ce serait: «J'ai de la valeur». Au cours des derniers mois, Sal s'est donné la permission de renouer avec toutes ces belles qualités qu'il avait oubliées posséder. Jetez un coup à un courriel qu'il vient de m'envoyer:

> *J'ai appris que ce que j'ai s'appelle « talent », que c'est véritablement un don. J'ai appris que si je lui en donne l'occasion, il peut se traduire par des résultats positifs dans tous les aspects de ma vie. Je fais bien mon travail. Je suis une bonne personne. Je ne fais de mal à personne, je suis drôle et énergique. Je suis un bon frère, fils, neveu, cousin, oncle. J'avais oublié tout ça.*[3]

En lisant ces mots incroyablement enthousiastes, il est difficile de croire qu'ils ont été écrits par un homme qui vient de perdre son emploi, encore une fois. C'est

---

3. Sal Morales, dans un courriel envoyé à l'auteure, 5 février 2007.

exact. J'ai été presque aussi abasourdie que Sal en appre-
nant que des compressions budgétaires entraînaient la
fermeture du service où il travaillait. C'est tellement
désolant quand on y pense. Sal dit qu'en l'espace de
seulement 8 mois, la «petite station qui pouvait» avait
obtenu 18 mises en nomination aux Emmy, dont une très
spéciale sur laquelle figurait le nom de Sal Morales.[4] Et
pourtant, Sal n'est pas triste. La façon dont il aborde son
licenciement, comparativement à la situation précédente,
est complètement différente. Quelqu'un qui a vu Sal
récemment me l'a décrit comme une personne heureuse,
satisfaite, confiante et pleine de vie. Ce n'est guère la
description d'un perdant.

Qu'est-ce qui est différent cette fois-ci? Il dit: «La
vie, je l'ai appris, n'est rien de plus qu'une série d'événements ou de chapitres. Et c'est avec la main de Dieu, pour
ainsi dire, que j'ai écrit le chapitre de l'an dernier.» Sal dit
qu'en relisant ce chapitre, il voit à quel point il a appris
et tout ce qu'il a à offrir à la prochaine chaîne de télévision
qui aura la chance (ce sont ici mes mots, et non ceux de
Sal) de le compter dans son équipe. Le pouvoir de la
gratitude a aidé Sal à se sortir d'un gouffre très sombre
et à se créer une vie empreinte d'optimisme et de joie,
même en période de crise, comme maintenant.

Le pouvoir de la gratitude et – Sal s'en doute –
quelque chose d'autre. «C'est une sorte de force, Dieu,
Jésus?, dit-il d'un ton rêveur. Quelque chose m'a guidé et
j'ai trouvé une nouvelle perception de moi-même.»[5]

---

4. *Ibid.*
5. *Ibid.*

Mais qu'en est-il des gens qui ont été les premiers à s'intéresser au pouvoir de la gratitude, de ces hommes et de ces femmes qui ont passé des années à étudier la gratitude et les émotions positives? L'étude du pouvoir de la gratitude a-t-elle une signification à l'extérieur du labo? La réponse est oui, et ce n'est pas étonnant.

Robert Emmons, professeur à l'université de la Californie à Davis et coauteur de ce répertoire d'avant-garde dressant la liste des avantages de la gratitude exprimée au quotidien, dit que la mise en pratique de ce qu'il a étudié a eu un énorme impact sur sa propre vie. « J'appartenais davantage au groupe des geignards et des insatisfaits. Vous savez, ces gens qui estiment que tout leur est dû. Je crois que la gratitude m'a aidé à modifier mon cadre de référence. Cela a réellement fait une différence dans ma vie. »[6] L'homme qui voulait déterminer scientifiquement si « nous pouvons rendre les gens plus reconnaissants » fait maintenant lui-même preuve de plus de gratitude.

Chris Peterson, dont les travaux dans le domaine ont permis d'identifier la gratitude comme étant l'une des signatures des forces les plus valorisantes, dit : « Je suis plus attentif à ce qui est positif chez les autres. Mais je cherche encore ce qui est positif chez moi. Je suppose que je fais partie de ces individus "besogneux et jamais entièrement satisfaits d'eux-mêmes". Je crois que tous les chercheurs sont ainsi faits. »

Mais Chris Peterson a noté une différence chez lui et il dit que certaines personnes ont même fait des commentaires à cet égard. « Je suis plus naturellement gentil avec les gens, me confie-t-il. Je n'ai jamais été

---

6. Robert Emmons, dans une entrevue téléphonique accordée à l'auteure, 17 octobre 2006.

méchant, mais j'ai toujours eu la langue bien acérée. Mais plus maintenant! Je dis très souvent "s'il vous plaît" et "merci". C'est comme à l'époque du jardin d'enfants», conclut-il en riant.

«Est-ce que vous vous aimez davantage?, lui ai-je demandé.

– Absolument», répond-il catégoriquement avec un petit rire. «C'est beaucoup plus amusant d'être facile à vivre. Pourquoi met-on si longtemps à le comprendre?»[7]

Jon Haidt, qui a étudié l'élévation, ce sentiment agréable qui naît lorsqu'on entend parler d'une bonne action, dit que ses travaux l'ont transformé. «J'ai fait le test des signatures des forces [développé par Chris Peterson et ses collègues] et j'ai découvert que la gratitude était l'un de mes points faibles. Ma femme est une personne extrêmement reconnaissante, et même si je ne croyais pas être ingrat, j'ai appris que je ne faisais pas particulièrement preuve de gratitude. Donc, maintenant, je fais des efforts pour dire merci, pour exprimer mon appréciation.»[8]

Philip Watkins, de la Eastern Washington University, a fait une découverte similaire. «En étudiant la gratitude, m'a-t-il dit, j'ai appris à quel point j'étais ingrat! Lorsque je pense à ce que j'ai dans la vie, je devrais être plus reconnaissant et me plaindre beaucoup moins.»

Cette constatation a incité le Dr Watkins à amorcer un changement dans sa vie. «Je crois que l'étude de la gratitude m'a aidé à prêter attention aux simples plaisirs

---

7. Chris Peterson, dans une entrevue téléphonique accordée à l'auteure, 16 octobre 2006.
8. Jonathan Haidt, dans une entrevue téléphonique accordée à l'auteure, 12 octobre 2006.

de la vie. J'y arrive beaucoup plus facilement. À l'extérieur de mes activités religieuses, qui m'encouragent à faire régulièrement le point, je ne m'arrêtais pas souvent pour compter les bonnes choses de ma vie. J'ai maintenant tendance à le faire plus naturellement, et je n'ai rien contre le fait qu'on en fasse un exercice.»[9]

Barbara Fredrickson, en élargissant et construisant son répertoire du pouvoir de la gratitude, dit: «Cela change le regard que l'on pose sur le monde. Un aspect fondamental de la gratitude est que, à la base, elle a le potentiel de tout transformer, de donner l'éclat d'un don à tout ce qui est ordinaire. Et lorsque vous la voyez comme un don, toutes vos connexions émotionnelles s'en imprègnent.»

Mme Fredrickson dit que plus elle travaille dans ce domaine, plus elle est étonnée par le pouvoir de la gratitude. «Je crois que mon étonnement grandit d'année en année. Je suis habitée par un sentiment d'émerveillement plus grand que lorsqu'on découvre la pointe d'un iceberg et que l'on ignore où cela nous mènera. Aujourd'hui, j'examine toutes ces preuves que nous avons réunies sur son fonctionnement dans diverses situations, et je me dis: "*Ouah!*"»[10]

C'est ce même facteur d'émerveillement qui a motivé Alice Isen pendant toutes ces années. «Tout d'abord, je suis heureuse d'avoir découvert quelque chose qui est vrai», dit-elle en choisissant soigneusement ses mots. «Je suis heureuse de pouvoir dire aux gens d'appré-

---

9. Philip Watkins, dans une entrevue téléphonique accordée à l'auteure, 25 octobre 2006.
10. Barbara Fredrickson, dans une entrevue téléphonique accordée à l'auteure, 2 novembre 2006.

cier leur bonheur, et d'en exposer les avantages. Et je suis particulièrement heureuse lorsque j'arrive à faire comprendre aux gens à quel point les petits riens sont importants dans leur vie, comment de petits événements positifs peuvent influer sur leur façon de penser, sur leurs relations interpersonnelles, sur leur façon d'être dans le monde.»[11]

Je sais. Il est impressionnant de voir quelqu'un mettre en pratique le pouvoir de la gratitude. Vous avez pu constater ses effets tant dans les laboratoires de recherche que dans la vie de tous les jours. Il ne reste qu'à l'appliquer dans votre propre vie. Faites l'essai du pouvoir de la gratitude. Je parie que, vous aussi, commencerez à dire « merci ».

---

11. Alice Isen, dans une entrevue téléphonique accordée à l'auteure, 11 novembre 2006.

Dix

Un message spécial pour les gens qui ont la foi

« Nous savons qu'avec ceux qui l'aiment,
Dieu collabore en tout pour leur bien. »
– ÉPÎTRE DE SAINT PAUL
AUX ROMAINS (8, 28)

Si vous avez la foi, il est impossible de parler de gratitude sans mentionner la source de toute chose dans la vie, notre Créateur. Dans toutes les grandes religions du monde, l'Action de grâces joue un rôle important. Et ce n'est pas un hasard.

Les gens qui ont la foi connaissent bien les propriétés revigorantes du pouvoir de la gratitude. Une étude réalisée à l'université Duke a démontré que les croyants ont généralement une conception du monde plus positive et qu'ils sont plus enclins à se sentir reconnaissants. Les chercheurs ont également découvert que les gens qui ont la foi réagissent mieux dans des situations stressantes.[1]

Les croyants sont également plus heureux. Depuis 1972, le Pew Research Center réalise des sondages à ce sujet et a largement prouvé que les gens qui assistent à des services religieux sont tout simplement plus heureux. Seulement 26 pour cent des individus qui y assistent rarement ou jamais se disent «très heureux». Mais 46 pour cent de ceux qui fréquentent une église au moins une fois par semaine disent qu'ils sont très heureux.[2]

Le professeur de psychologie Robert Emmons explique pourquoi il pense que c'est ainsi: «Je crois que la religion leur fournit davantage d'occasions d'exprimer leur gratitude. Il est inscrit dans une tradition historique que toutes les religions du monde attribuent une grande importance à la gratitude. Il existe dans toutes les traditions des prières précises d'Actions de grâces. Cela donne aux gens davantage de

> «Je vous donnerai un cœur nouveau, je mettrai en vous un esprit nouveau; j'ôterai de votre chair le cœur de pierre et je vous donnerai un cœur de chair.»
> – Ézéchiel

1. H.G. Koenig et coll., «Does Religious Attendance Prolong Survival? A Six-Year Follow-Up Study of 3,968 Older Adults», *Journal of Gerontology* 54 (juillet-août 1999), pp. 370-377; cette étude réalisée auprès de personnes âgées de la Caroline du Nord a démontré que celles qui assistent chaque semaine à un service religieux ont 46% moins de risques de mourir sur une période de 6 ans que ceux qui y assistent moins fréquemment ou pas du tout.
2. «Are We Happy Yet?», Pew Research Center Publications, 1615 L Street, NW, Suite 700, Washington, DC 20036, 13 février 2006; www.pewresearch.org.

stratégies et de tactiques, et par conséquent davantage de raisons d'exprimer leur gratitude. Il ajoute : cela nous ramène au commencement de toute chose. Cela a presque un caractère de quête cosmique. »[3]

Cette quête a une résonance particulière pour de nombreuses personnes, qui voient un avantage dans l'expression de leur gratitude envers un pouvoir supérieur. Dans un sondage d'opinion réalisé en 1998 auprès de 482 adultes et 500 adolescents, 78 pour cent des adolescents et 89 pour cent des adultes disaient envoyer l'expression de leur gratitude à un Dieu ou à leur Créateur « en tout temps » ou « parfois ».[4]

C'est mon style. Bien que je me réserve un moment bien précis pour compter les bonnes choses de ma vie, le pouvoir de la gratitude fait partie de mon existence 24 heures sur 24. J'entretiens de rapides conversations avec Dieu, seulement une phrase ou deux, tout au long de la journée. C'est comme une messagerie instantanée… sans ordinateur. Je n'ai aucun enregistrement numérique de nos échanges, mais ils n'en existent pas moins.

Anne Hjelle, la cycliste qui a été attaquée par un puma, sait que Dieu a joué un rôle énorme dans son expérience de mort imminente. Elle dit qu'elle a vu trop de signes de Ses interventions pour ne pas y croire. De fait, elle a le sentiment que Dieu avait posé les fondements de sa survie avant même l'attaque. « Il y a une femme qui fréquente notre église à qui Dieu a demandé, deux jours avant l'attaque, de "prier pour appeler Sa protection contre les pumas" », dit Anne avec une pointe d'émerveil-

---

3. Robert Emmons, dans une entrevue téléphonique accordée à l'auteure, 17 octobre 2006.
4. Sondage Gallup, *April Wave* 1, 17-19 avril 1998.

lement dans la voix. «Elle était en train de courir, vous savez. Elle faisait son jogging quotidien et puis elle a eu cette impression très forte lui dictant de faire cette prière précise. Elle a pensé: *"C'est vraiment bizarre!"* Elle a donc fait cette prière. Elle n'avait aucune idée de l'identité de la personne sur qui elle appelait cette protection. Elle a ajouté que le lendemain, elle a dit dans ses prières: "Dieu, il nous faut un miracle."»

> *« La foi est la garantie des biens que l'on espère, la preuve des réalités qu'on ne voit pas. »*
> – Épître de saint Paul aux Hébreux (11,1)

Anne est membre d'une organisation qui s'appelle les Trail Angels (Anges du sentier), un groupe de femmes chrétiennes qui partagent l'amour du vélo de montagne. Au moment précis où Anne se faisait attaquer, l'une de ses amies et membre du groupe qui faisait de la randonnée sur un autre sentier du parc a vécu une expérience que, sur le moment, elle n'a pas comprise. Elle roulait et puis, soudain elle s'est arrêtée et s'est mise à pleurer. Elle ignorait pourquoi. Elle a ensuite lu une citation de la Bible collée sur le cadre de sa bicyclette: «Yahvé est ma force».

Cette amie est retournée au parc quelques semaines plus tard. Elle a pris le sentier qu'Anne avait emprunté et a chronométré son trajet. Lorsqu'elle est parvenue au kilométrage qui correspondait au moment où elle avait fondu en larmes lors de sa randonnée précédente, elle se trouvait à l'endroit précis où Anne avait été attaquée!

Mais le plus grand miracle de tous a été l'héroïsme dont a fait preuve Debi Nicholls. C'est à cause d'elle que le verset 15,13 de l'Évangile selon saint Jean a une telle signification: «Nul n'a plus grand amour que celui-ci:

donner sa vie pour ses amis.» Et pour Anne Hjelle, le verset 4,17 de la Deuxième épître de saint Paul à Timothée a un sens littéral: «Le Seigneur, lui, m'a assisté et m'a rempli de force… et j'ai été délivré de la gueule du lion.» Anne est persuadée que Dieu l'a délivrée de la gueule du puma dans un but bien précis. «Je sais quel est Son dessein, dit-elle. Il veut que je partage avec les autres ce que j'ai appris de cette expérience, afin qu'ils puissent bénéficier de cette connaissance sans connaître la douleur.»[5]

LE POUVOIR DE LA GRATITUDE

Remerciez Dieu.

Le verset 118,1 des Psaumes dit: «Rendez grâce à Yahvé, car il est bon, car éternel est son amour.» Chaque fois que j'ai parlé à Dieu, Il m'a écoutée. Et Il m'a toujours répondu. Je n'ai peut-être pas entendu Sa réponse ou ne l'ai peut-être pas aimée, mais j'en ai eu une.

Depuis que je m'efforce d'intégrer le pouvoir de la gratitude dans ma vie, il semble que mes conversations avec Dieu se déroulent plus aisément. Je suis sûre que la différence se trouve en moi, et non en Lui. Qu'il s'agisse de mon cheminement spirituel, ou tout simplement du combat que je mène chaque jour pour venir à bout d'un emploi du temps trop chargé pour le temps dont je dispose, le pouvoir de la gratitude semble m'être d'un grand

---

5. Anne Hjelle, dans un courriel envoyé à l'auteure, 6 février 2007.

secours. Il agit comme une plaque d'aiguisage qui vient adoucir les angles trop aigus. Il est comme la graisse qui fait que les roues tournent sans heurts. Il est comme une profonde goulée d'air frais qui me permet de penser plus clairement au lever du jour. Et tout commence par un mot tout simple : « Merci. »

Si vous êtes prêt à être le témoin de miracles, si vous croyez que la vie a quelque chose de plus à vous offrir et que le moment est venu d'apprécier toutes les bonnes choses de la vie, dites merci.

Si vous rêvez de connaître davantage de joies chaque jour, une paix plus profonde pendant les moments tranquilles, et des relations plus étroites et enrichissantes avec ceux que vous aimez, dites merci.

Si vous voulez être habité par la joie et le bonheur, un état de bien-être que non seulement vous méritez, mais que *Dieu veut pour vous*, dites merci.

Le pouvoir qui vous apportera tout ça est là, dans ce petit mot. Et je me joins à vous en disant… merci.

Annexe

Valeurs en action, les signatures des forces[1]

SAGESSE ET CONNAISSANCE

- Créativité (originalité, ingéniosité);
- Curiosité (intérêt);
- Ouverture d'esprit (jugement, sens critique);
- Amour de l'apprentissage;
- Perspective (sagesse).

COURAGE

- Bravoure (vaillance);
- Savoir-faire (persévérance, diligence);

1. Christopher Peterson et Martin E.P. Seligman, *Character Strengths and Virtues: A Handbook and Classification* (Washington, DC: American Psychological Association et Orford University Press, 2004).

- Honnêteté (authenticité, sincérité, intégrité);
- Vitalité (vigueur, entrain, enthousiasme).

HUMANITÉ

- Liens personnels (faculté d'aimer et d'être aimé);
- Gentillesse (altruisme, générosité, capacité à nourrir et à soigner, amabilité);
- Vive intelligence.

JUSTICE

- Sens communautaire et esprit d'équipe (devoir, responsabilité sociale, loyauté);
- Droiture (impartialité, équité);
- Leadership.

MODÉRATION

- Pardon et clémence;
- Modestie et humilité;
- Prudence;
- Contrôle de soi (sang-froid, discipline).

TRANSCENDANCE

- Appréciation de la beauté et de l'excellence (émerveillement, étonnement);
- Gratitude;
- Espoir (optimisme, conscience de l'avenir, anticipation);
- Caractère enjoué et humour;

• Spiritualité (piété, sentiment d'avoir un but).

Passez le test en ligne afin de découvrir vos signatures des forces (en anglais):

www.authentichappiness.org.

Remerciements

Nous apprenons par l'exemple. J'ai eu la chance dès mon plus jeune âge d'avoir deux parents qui croyaient que le dur labeur était honorable, qu'il n'y avait pas de raccourcis pour réussir, et que même l'adversité pouvait nous réserver de bonnes choses. À ma défunte mère, Merle Olson Norville, et à mon père, Zack Norville, je dis merci pour tout : les fessées, les remontrances, les aventures et l'amour. J'espère que vous êtes fiers de la façon dont je vis ma vie.

À mes sœurs, Nancy, Cathy et Patti : qui aurait cru que les petites filles avec qui j'ai partagé une enfance faite de Barbie que l'on se disputait, de parties de cache-cache, de bains donnés au chien et de lavages de voiture, deviendraient des femmes aussi merveilleuses ? Malgré la distance qui nous sépare, vous êtes toujours là pour moi, et je vous en remercie chaque jour.

L'achèvement de ce livre donne évidemment lieu à une longue liste de remerciements empreints de gratitude. J'exprime toute ma reconnaissance au duo dynamique de Dallas, mes agents littéraires, Jan Miller et Shannon Miser-Marven de Dupree-Miller. Jan, tu pourrais remplir une pièce avec ton énergie, et ton enthousiasme pour ce projet m'a bien servi lorsque je commençais à me sentir essoufflée.

Shannon, tes conseils ont été inestimables à chaque étape de la rédaction. Je vous dis merci à tous les deux, bien que cela me paraisse bien insuffisant. Merci également à l'équipe de Thomas Nelson Publishing, à Jonathan Merkh qui a été le premier à reconnaître le pouvoir de la gratitude, à Kristen Parrish, Paula Major, Joey Paul et Tami Heim qui ont veillé à la finition de cet ouvrage. Votre soutien, votre enthousiasme et votre dévouement ont été fantastiques.

Merci aux experts et aux individus qui ont si généreusement accepté d'être interviewés pour ce livre. J'apprécie grandement vos témoignages. Un merci tout spécial aux psychologues pour le temps et le soin qu'ils ont mis à réviser mon matériel : vos recherches sont édifiantes pour nous tous, et je vous suis reconnaissante de me permettre d'en partager les résultats avec un public plus vaste. Lindsey Wisniewski, tu as fait un travail de documentation remarquable. Tu seras une merveilleuse avocate.

Mes enfants, Niki, Kyle et Mikaela, me donnent une raison d'exprimer ma gratitude chaque jour. Mes chéris, votre incroyable vivacité d'esprit, votre délicieux sens de l'humour, votre amour et votre gentillesse sans bornes mettent de la joie dans ma vie chaque minute. Je ne sais pas pourquoi j'ai la chance d'être votre maman, mais c'est une chose pour laquelle j'éprouverai toujours de la reconnaissance.

Et à Karl, je dis merci pour tout. Pour ces enfants sensationnels, pour la vie extrêmement intéressante et variée que nous avons créée, pour les nuits où tu as accepté que je veille tard et pour ta gentillesse les matins où j'ai dû me lever tôt pour avoir le temps d'écrire. Merci. Si tu n'avais pas lu la première ébauche de ce livre et que tu n'avais pas dit: «Continue, c'est important», cet ouvrage n'aurait pas vu le jour. Tu as été l'étincelle qui m'a aidée à allumer le pouvoir de la gratitude. Il y a 20 ans, un ministre du culte m'a demandé: «Acceptez-vous de prendre…?» Et encore aujourd'hui, ma réponse serait la même.

Et enfin, merci à Dieu. Vous m'avez gâtée au-delà de toute imagination et je Vous en remercie chaque jour. Vous m'avez placée ici dans un but bien précis. Et avec Votre aide, je l'atteindrai.

À propos de l'auteure

Deborah Norville est la présentatrice-vedette de la très populaire émission *Inside Edition*, le magazine d'actualités qui détient le record de longévité aux États-Unis et qui est regardé chaque jour par 5 millions de téléspectateurs. Cette journaliste qui a remporté deux prix Emmy a commencé sa carrière télévisuelle à WAGA-TV, à Atlanta, alors qu'elle était encore étudiante à l'université de la Géorgie, où elle a obtenu un diplôme avec mention très bien.

D'abord présentatrice-vedette de l'émission Today à la NBC, Deborah a ensuite été journaliste et chef d'antenne à WMAQ-TV à Chicago, NBC News, CBS News et MSNBC. Elle a également animé une émission diffusée à l'échelle nationale sur les ondes de ABC Radio. Elle a écrit *Back on Track : How to Straighten Out Your Life When It Throws You a Curve*, *Je ne peux pas dormir !* et *Je peux voler !*

Son mari, Karl Wellner, et elle vivent à New York avec leurs trois enfants. On peut communiquer avec Deborah par le biais de son site Web :

www.dnorville.com.

Vous pouvez en apprendre davantage sur le pouvoir de la gratitude en consultant le site anglais :

www.thankyoupower.net.

Louanges pour *Merci la Vie*

«Vous avez sans doute déjà entendu dire qu'il est plus facile d'attraper des mouches avec du miel qu'avec du vinaigre. Si vous voulez éliminer un grand nombre des effets néfastes du stress de la vie quotidienne et relever haut la main les défis qu'elle apporte, alors lisez ce livre. Deborah Norville a peut-être trouvé le véritable secret du bonheur. Vous le découvrirez dans ces pages.»

– Dr Mehmet Oz
Vice-président et professeur de chirurgie,
université Columbia, et auteur de la série *Vous*

«Deborah Norville a prouvé que la résilience est un aspect important du succès. Le succès est le pouvoir – et *Merci la Vie* est le summum de l'aptitude et de l'attitude. Deborah a fait un travail fantastique en abordant un sujet qui est important pour chacun de nous.»

– Donald J. Trump

« Nous devrions tous dire merci à Deborah Norville pour avoir écrit ce livre inspirant et pratique. Enfin un ouvrage qui aidera réellement ses lecteurs ! L'auteur sort la recherche universitaire de sa tour d'ivoire et la projette dans le monde, lui rendant justice et y ajoutant une valeur considérable avec des témoignages fascinants et des conseils réalistes. Sa voix transparaît, une voix intelligente, sincère et gracieuse. Je recommande chaudement ce livre. »

– Christopher Peterson
Professeur de psychologie, université du Michigan

« On nous l'a dit et redit : savourez votre bonheur, concentrez-vous sur les aspects positifs, dites merci, mais avec la vie trépidante que nous menons, il est facile de négliger ces conseils et de ne pas éprouver de gratitude. Dans son dernier ouvrage, *Merci la Vie*, Deborah Norville propose des étapes faciles qui permettent de s'engager sur la voie d'une existence plus positive. »

– Anthony Robbins
Auteur de *De la part d'un ami* et de *Progresser à pas de géant*
publiés aux éditions Un monde différent

« Quel message pertinent ! Deborah Norville a fait un travail magistral en prouvant à la société américaine qu'il est temps de se réapproprier la qualité morale de la gratitude, et ce, à point nommé ! Je recommande la lecture de ce livre à tous les hommes, à toutes les femmes et à tous les jeunes gens qui désirent connaître une vie plus riche et plus épanouie, personnellement ou profession-nellement. »

– Zig Ziglar
Auteur et motivateur

« Les gens qui ne se plaignent jamais, qui ne râlent pas ou qui ne s'inquiètent pas n'ont pas besoin de ce livre. (Ils ont besoin d'une leçon d'honnêteté.) Les 99 % d'entre nous qui restent tireront parti des propos pratiques et remplis d'espoir de Deborah. Nous avons besoin de ce message. »

– Max Lucado
Pasteur, église de Oak Hills et auteur de *3.16*

« Deborah, merci de nous apporter la preuve irréfutable que la gratitude a un immense pouvoir. *Merci la Vie* nous montre à tous que la quête du bonheur et de l'épanouissement commence par un mot tout simple et que la vie est un voyage qu'il vaut la peine d'entreprendre. »

– Linda Kaplan Thaler
PDG, The Kaplan Thaler Group et
coauteure avec Robin Koval de *The Power of Nice*

« Votre mère avait raison ! Vous devriez dire merci pour pratiquement tout. Pourquoi ? Parce que, comme le prouve le nouvel ouvrage de Deborah Norville, le positivisme et la reconnaissance se traduisent par le bonheur, la santé et le succès. Et en passant, Deborah, merci d'avoir écrit ce livre et merci à vous de le lire. »

– Joan Rivers
Présentatrice de télévision

« Ce livre illustre merveilleusement bien comment la profondeur de notre gratitude découle de la compréhension que nous avons des gens qui nous entourent et qui nous exaltent. Une œuvre remarquable écrite par une femme remarquable qui prêche par l'exemple. »

– Stephen R. Covey
Auteur de *Les 7 habitudes des gens efficaces* et
de *La 8ᵉ habitude*

«Les bonnes manières ne sont jamais démodées... et même si nous avons un mode de vie trépidant, nous devons prendre le temps chaque jour de ralentir et de faire preuve de grâce et de gratitude. Dans *Merci la Vie*, Deborah Norville explique comment le fait de s'attarder à éprouver de la gratitude et à en exprimer envers les autres peut devenir le geste le plus important que nous faisons chaque jour.»

– Robert L. Dilenschneider
Président du Conseil et
fondateur de The Dilenschneider Group, Inc.

«Qui ne veut pas être plus optimiste et plus énergique? Qui ne souhaite pas réfléchir plus clairement et se relever rapidement après un événement fâcheux? Mais qui savait que tout cela est possible si l'on éprouve de la gratitude? Le dernier ouvrage de Deborah Norville dévoile ce dont la majorité d'entre nous se doute: en exprimant notre gratitude, nous nous faisons autant un don à nous-mêmes qu'à ceux à qui nous la décernons.»

– Nancy G. Brinker
Fondatrice de Susan G. Komen for the Cure

«Ma mère avait l'habitude de dire que le monde serait un bien meilleur endroit où vivre si les gens disaient *merci* plus souvent. En s'appuyant sur les témoignages édifiants de gens issus de tous les milieux, Deborah Norville prouve qu'une attitude empreinte de gratitude peut faire de chacun de nous une meilleure personne.»

– Ken Blanchard
Coauteur de *Le Manager minute* et de *Lead Like Jesus*

«Quelle lecture rafraîchissante et positive! *Merci la Vie* me donne envie de tout faire pour me montrer reconnaissant envers non seulement les grandes choses qui se produisent dans ma vie, mais aussi les petites choses qui m'apparaissent parfois difficiles. Voici une recette qui pourrait faire de notre monde un meilleur endroit où vivre!»

– Harold G. Koenig, M.D.
Professeur de psychiatrie et de sciences du comportement et professeur agrégé de médecine, université Duke

«On dirait que personne ne veut dire *merci* de nos jours. Nous vivons plutôt en croyant que nous avons des droits acquis – de l'enfant qui espère obtenir un A sans avoir à passer d'examens à l'employé de bureau qui rêve d'une promotion malgré un piètre rendement. Dans *Merci la Vie*, Deborah Norville montre que la gratitude – un petit *merci* tout simple – est à la base du bonheur. En suivant les étapes précises qu'elle propose, vous arriverez à cultiver ce pouvoir et à le mettre en pratique dans votre propre vie.»

– Jake Steinfeld
Président du Conseil et PDG, Body by Jake Global,
fondateur de Major League Lacrosse et de Exercise TV

CHEZ LE MÊME ÉDITEUR

Vivre sa vie autrement, *Eva Arcadie*

❧ Voies de la réussite (La), *collectif de conférenciers*

Vous êtes unique, ne devenez pas une copie!, *John L. Mason*

Vous inc., découvrez le P.-D. G. en vous, *Burke Hedges*

Voyage au cœur de soi, *Marie-Lou et Claude*

Zoom sur l'intelligence émotionnelle, *Travis Bradberry et Jean Greaves*

Liste des disques compacts:

Conversations avec Dieu, *Neale Donald Walsch*

Créez l'abondance, *Deepak Chopra*

Dix commandements pour une vie meilleure, (disque compact double) *Og Mandino*

Lâchez prise! (disque compact double) *Guy Finley*

Mémorandum de Dieu (Le), (deux versions: Roland Chenail et Pierre Chagnon), *Og Mandino*

Père riche, Père pauvre, (disque compact double) *Robert T. Kiyosaki et Sharon L. Lechter*

Quatre accords toltèques (Les) (disque compact double), *Don Miguel Ruiz*

Sept lois spirituelles du succès (Les) (disque compact double), *Deepak Chopra*

En vente chez votre libraire ou à la maison d'édition
Prix sujets à changement sans préavis

Si vous désirez obtenir le catalogue de nos parutions,
il vous suffit de nous écrire à l'adresse suivante:

Les éditions Un monde différent ltée
C.P. 51546
Succursale Galeries Taschereau
Greenfield Park (Québec), Canada J4V 3N8
ou de composer le 450 656-2660 ou 800 443-2582 ou
le télécopieur 450 659-9328
Site Internet: http://www.unmondedifferent.com
Courriel: info@umd.ca